「画」中有话：敦煌石窟百讲

敦煌研究院 主编

刘文山 韩文君 郭瑶 边磊 杜冬梅 编著

CNS 湖南文艺出版社

策划

李 萍　宋淑霞

审校

王惠民

编委会主任

李 萍

编委会成员

王惠民　宋淑霞　雷政广
柴启林　张世军

有
鹿
Way

序言

　　"'画'中有话"，一个富有诗意的书名，犹如敦煌壁画中随处可见的飞天，从画中飞身而下，扑面而来，娓娓讲述敦煌壁画中定格的精彩画面，分享富有启示又给人以希望的壁画故事，带着一种不可阻挡的魅力，向读者展现古人独具匠心的艺术创造和宏大沧桑的历史变迁。

　　敦煌莫高窟共有 735 个洞窟，完整保存了 45000 平方米壁画，历经 10 个朝代持续 1000 年的不间断开凿，使其成为世界上规模最大的石窟艺术宝库，是东西文化交融荟萃的结晶，被誉为"墙壁上的博物馆"，其美轮美奂的石窟艺术和价值珍贵的藏经洞文献，备受世人关注。莫高窟自 1979 年开放以来，吸引了来自世界各地的 2000 多万游客参观游览，已是国内外久负盛名的旅游目的地。

　　为讲好敦煌故事，充分展示敦煌壁画独有的艺术魅力，敦煌研究院历来重视对游客的参观讲解工作，专门设立了负责游客接待讲解的文化弘扬部，精心培养了一支"专家型"的讲解员队伍。经过多年的学习积累，他们对敦煌文化与石窟艺术知识有着较深入的理解和掌握。多年来他们以优雅的接待礼仪和扎实的专业功底为来自国内外的游客讲解石窟，赢得了到访游客的广泛认可和好评，被誉为敦煌文化弘扬使者。

党的十八大以来，国家将传承中华优秀传统文化，增强中华文化自信，建设社会主义文化强国提升到了新的高度。我院文化弘扬部的同事们自觉担负起传播敦煌文化的时代责任，他们根据多年为游客讲述敦煌文化的宝贵经验，从博大精深的敦煌艺术中选取精华，结合多年来敦煌壁画和藏经洞文献研究的学术成果，先后撰写出版了《讲解莫高窟》与《莫高学堂文化丛书》，推出了"敦煌文化驿站"公益讲座，创立"莫高学堂"系列研学课程，策划制作了《出发啦！敦煌》音频课程，出品音频儿童广播剧《莫高学堂：神奇敦煌开讲啦！》，取得了良好的社会效益和经济效益。

2019 年初，我院多年负责文化弘扬工作的李萍和宋淑霞两位专家精心组织本部门的业务骨干，选取敦煌石窟中经典的艺术题材，撰写壁画内容赏析文章，策划推出了新颖独特的敦煌石窟艺术系列赏析专栏——《画中有话》。该栏目 2019 年 8 月在敦煌研究院文化弘扬部微信公众号推出第一期后，即受到关注和好评。之后每周一期连续刊载，至 2021 年 7 月推送最后一期，历时两年，共推出了 100 期，撰写发布 100 篇文章。累计阅读量超过 20 万人次，并被多家网络平台推荐介绍并转载，受到全社会读者的欢迎认可。2022 年 10 月，由文化弘扬部资深讲解员配音制作的《"画"中有话：敦煌石窟百讲》音频节目在喜马拉雅正式上线，深受听众喜爱和好评。

《画中有话》艺术赏析专栏内容丰富，以壁画为主线，穿插介绍塑像、建筑、历史遗迹、文献图片等相关内容。作者们用充满温度的文字和声音将一幅幅鲜活的历史画卷串联起来，传递出丰富的敦煌文化信息。专栏结构紧凑、主题突出，文字生动，深入浅出，图文并茂，专业性和趣味性相得益彰，每篇文章1000字左右，阅读与音频时长均控制在5—7分钟，让广大读者与听众轻松愉悦、多维度、立体化地了解敦煌石窟艺术，感受中华优秀传统文化的魅力，力求实现"让文物说话、让历史说话"的初心和愿望。

鉴于《画中有话》艺术赏析专栏极高的社会认可度，湖南文艺出版社与敦煌研究院携手合作，编辑出版《"画"中有话：敦煌石窟百讲》一书。新书以敦煌的"画"为载体，以北凉至元代10个历史时期为章节，以100讲妙趣横生的敦煌石窟艺术为主题，系统讲述敦煌莫高窟一千六百余年的建筑、彩塑和壁画艺术。希望这本书能够成为青少年与传统文化爱好者了解敦煌文化与石窟艺术的一把钥匙，带领读者感受敦煌文化艺术跨越千年的不朽生命力。

在新书即将付梓之际，我由衷地为我院同仁在传承和弘扬敦煌文化的过程中所做的成功探索而感到欣喜，也感谢他们在敦煌文化弘扬工作中所做的不懈努力和辛勤耕耘，更相信他们在未来能够创作更多深受社会公众欢迎的敦煌文化弘扬成果！

敦煌研究院院长　苏伯民

2023 年 7 月

目录

「画」中有话：敦煌石窟百讲

西魏

北周

隋代洞窟，
宋代重修

隋代

初唐

盛唐

中唐

晚唐

回鹘时期

五代

宋

西夏

元

附录

北涼

公元366年，一位叫"乐僔"的僧人在莫高窟的山上坐禅时，

看到对面三危山上金光万道，状似千佛，

他感悟到这是一座有着佛光和佛缘的山，所以开凿了第一个洞窟。

之后又有一位叫"法良"的禅师在乐僔所开凿的洞窟旁边开凿了第二个洞窟，

随后莫高窟则开启了长达千余年不间断的伟大营建。

第一讲

——莫高窟初创故事

千年不断的伟大营建

每一个伟大都有着不平凡的开场，莫高窟的初创之光则显得更加光彩夺目、熠熠生辉。

莫高窟者，厥初前秦建元二年，有沙门乐僔，戒行清虚，执心恬静，尝杖锡林野，行止此山，忽见金光，状有千佛，遂架空凿□，造窟一龛。次有法良禅师，从东届此，又于僔师龛侧，更即营建。伽兰之起，滥觞于二僧。

——唐代《李克让修莫高窟佛龛碑》

从这段文字中我们准确地知道了在中国十六国时期的前秦建元二年，也就是公元 366 年，一位叫"乐僔"的僧人在莫高窟的山上坐禅时，看到对面三危山上金光万道，状似千佛，他感悟到这是一座有着佛光和佛缘的山，所以开凿了第一个洞窟。之后又有一位叫"法良"的禅师在乐僔所开凿的洞窟旁边开凿了第二个洞窟，随后莫高窟则开启了长达千余年不间断的伟大营建。

莫高窟第 275 窟
交脚弥勒

时至今日，乐僔窟、法良窟已淹没在了宕泉河谷的粒粒尘沙中，无从寻觅，但历史的长河让莫高窟依然保存了 1600 多年前北凉时期的一组洞窟，这其中最具有代表性的就是第 275 窟。

第 275 窟是北凉窟群中窟室面积最大的一个，洞窟内保存的壁画内容丰富、色彩艳丽，洞窟结构为莫高窟极为少见的盝顶讲堂式窟顶，南北两壁还保存着只在莫高窟出现的阙形龛，洞窟内容可谓是赏无穷尽、言之不完。都说莫高窟的壁画是平面的塑像，而塑像就是立体的壁画，我们接下来重点和大家先来分享洞窟主尊造像——交脚弥勒像。

这尊交脚弥勒像面相丰圆，鼻梁高隆，直通额际，眉长眼鼓，神情端庄沉静，头戴三珠宝冠，长发披肩，上身半裸，体格健硕，胸前装饰有璎珞，腰部穿着羊肠裙，裙子上的衣褶用贴泥条和阴刻线的艺术技法来表现，显得极富立体感。

交脚弥勒　局部

这种交脚坐式的佛像源自古代印度的犍陀罗艺术。犍陀罗是古印度十六列国之一，本部在今天巴基斯坦的白沙瓦地区；公元前 4 世纪，来自欧洲东南部巴尔干地区的马其顿国王亚历山大大帝东征中亚、南亚次大陆西北部地区时，把古典希腊文化带到了犍陀罗地区，从而影响了犍陀罗地区的佛教造像风格。这种以希腊、罗马式装饰手法表现佛教题材的造像风格，后来越过帕米尔高原流传到我国新疆西南部地区，为我国的绘画、雕刻、建筑、工艺美术带来了希腊罗马风韵。

莫高窟以交脚坐姿保存的塑像共出现在 11 个洞窟，达到 24 尊，其中第 275 窟的主尊交脚弥勒像因通高 3.4 米而成为北朝时期塑像中最大的一尊，也是莫高窟近 2400 尊塑像中最早的塑像之一。

古辞书《方言》有云，"龛，受也"，"受，盛也"，
即容纳、盛受之意。
佛教传入中国后，龛又指凿岩为空、安置佛像之所，即佛龛，亦称供龛。
在印度的阿旃陀、埃罗拉，我国的敦煌、龙门、云冈等石窟中均有所见。

第二讲

——第 275 窟阙形龛

禅观『兜率天宫』

莫高窟第 275 窟　　阙形龛

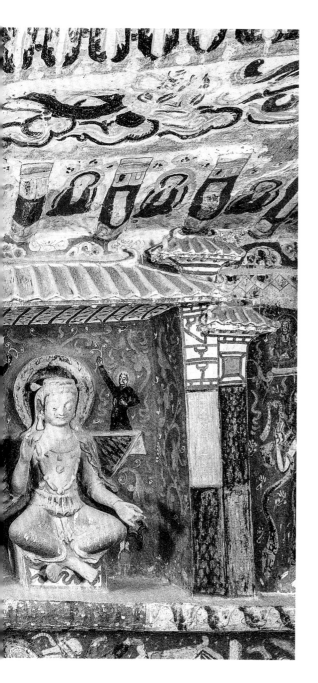

古辞书《方言》有云，"龛，受也"，"受，盛也"，即容纳、盛受之意。佛教传入中国后，龛又指凿岩为空，安置佛像之所，即佛龛，亦称供龛。在印度的阿旃陀、埃罗拉，我国的敦煌、龙门、云冈等石窟中均有所见。

再来说说"阙"。阙其实并不陌生，大家熟悉的古代诗词中都有提及，比如宋代大文学家苏轼《水调歌头》中说"不知天上宫阙，今夕是何年"，南宋抗金名将岳飞在《满江红》中也说"待从头收拾旧山河，朝天阙"。阙，其实是中国古代传统建筑的一种基本构造，一般由台基、阙身、屋顶三部分组成。古语中"阙"通"缺"，两边为阙，中间为道，是修筑于宫门或陵墓等建筑之前且左右对称的一种建筑物。

"阙"的历史非常悠久，早在3000多年前的周朝就有建造。最初带有观望和军事的作用，是与"台"类似的建筑。约在战国时期，阙得到了长足发展，种类也变得繁多，包括宫阙、庙阙、城阙、墓阙等多种形式。南北朝时，阙的实际功能已然消失，取而代之的是作为礼仪性的建筑而存续着。史料记载，汉代要官至"二千石"以上者，其墓前才有资格立阙。由此看来，阙在古代有着地位和权力的象征。前面提到岳飞所说的"朝天阙"，其实也是以阙来指代皇城建筑，进而指代故都。

"待从头收拾旧山河，朝天阙"，是岳飞在表达决心，他说："我要从头再来，收复旧日河山，朝拜故都京阙。"

当"阙"这种建筑构造被引入佛龛中，就形成了独特的"阙形龛"。莫高窟第275窟就是"阙形龛"的代表作。它采用了两阙之间加上屋顶的造型，而这种一高一低，相互偎依的形式也被称为"子母阙"。龛内塑有弥勒菩萨，或交脚，或思维，表现了弥勒菩萨上生兜率天宫的景象。敦煌早期石窟的阙形龛继承了汉代以来阙的表现形式，蕴含的宗教意义与佛教的天宫有着密切联系。也就是说，以第275窟为代表的阙形龛很可能象征着莫高窟早期的主要信仰对象弥勒菩萨的修行场所——兜率天宫。

据佛经记载，弥勒出身于婆罗门家庭，后拜释迦牟尼为师，学习佛法，很受佛陀看重。释迦牟尼即将涅槃时，弥勒先于佛入灭。在弥勒去世之前，佛为他受记，预言他命终之后，将上生到兜率天宫。

上生至兜率天宫的弥勒以补处菩萨和释迦继承人身份居住在院内，在此为天人说法，又处为修行，等待将来成佛。同时弥勒居住的兜率内院，殊胜美妙，无限美好，向一切众生敞开大门，所以又被称为弥勒净土。信仰上生世界的人相信只要按照规定方法修行，死后即可往生于此，与弥勒在一起，免除轮回，永不退转。

阙形龛 局部

弥勒上生信仰具有禅观与决疑的功效。对于神往的兜率天宫，信徒们可以通过禅观见到兜率天宫的种种美好景观。而且，由于释迦牟尼佛已经涅槃，娑婆世界一时无佛，此时，待机成佛的弥勒菩萨是"准佛"，如果在修行上遇到困惑，通过禅观，神往兜率天宫，弥勒菩萨便可为其决疑。所以阙形龛内塑有弥勒菩萨或交脚，或思维，表现了"弥勒决疑"的场景。

在犍陀罗和西域诸佛教石窟中，表现这一主题的佛龛多为上小下大的梯形，而敦煌的艺术家们抛弃了外来的艺术手法，以民众更为熟知的阙形龛取而代之，可以说是汉地工匠对佛教艺术进行改造的一次大胆尝试。

莫高窟现存阙形龛 25 座，多见于早期石窟中心柱的上层，少数开凿在南北壁的人字坡下方。除了阙形龛，还有圆券龛、双树龛、双层龛、盝顶帐形龛等多种龛形，龛形的名字就精准概括了其特点。

阙形龛源于建筑又精于建筑，它既是古代传统建筑的一种表现形式，又是一种特殊的雕塑艺术，有着极其珍贵的文化艺术价值。

"西行历尽坎坷难，
跋涉万里往伽竺。
弥勒横流中华土，
圣僧流芳千古赞。"

这是描述玄奘西行取经的诗赞。
诗中的西行壮举被汇集成书，便是广为流传的《大唐西域记》。
书中记录了丝路沿线西域、印度的风土人情；
还有那些耳熟能详的名字，
蓝毗尼、菩提迦耶、鹿野伽蓝、拘尸那城，
这些无不印证了佛祖释迦牟尼在印度各地弘法的足迹，
人们也总是会追寻着这些足迹去寻找佛陀一生的方向。

佛陀的人间修行

—— 莫高窟最早的佛传故事画

莫高窟第275窟　南壁　局部

　　"西行历尽坎坷难，跋涉万里往伽竺。弥勒横流中华土，圣僧流芳千古赞。"这是描述玄奘西行取经的诗赞。诗中的西行壮举被汇集成书，便是广为流传的《大唐西域记》。书中记录了丝路沿线西域、印度的风土人情；还有那些耳熟能详的名字，蓝毗尼、菩提迦耶、鹿野伽蓝、拘尸那城，这些无不印证了佛祖释迦牟尼在印度各地弘法的足迹，人们也总是会追寻着这些足迹去寻找佛陀一生的方向。

　　佛陀的一生中有几个重要的时间点：降兜率、入胎、出生、出家、降魔、悟道、初转法轮、涅槃，在佛教中也被称为佛陀的"四相""八相"。印度佛教早期发展需要"禅修"观像，所以经常会把佛陀的一生以雕刻或绘画的形式表现出来，莫高窟当然也不例外地沿袭了这一形式。这类表现释迦牟尼传记的故事，通常我们简称为"佛传故事"，莫高窟现存的佛传故事画从北凉到五代从未间断。

莫高窟最早的佛传故事画当属北凉时期的第275窟中的《太子出游四门图》，它采用横卷构图来表现佛陀一生中的一个重要情节——出游四门。公元前6世纪到公元前5世纪的古印度的迦毗罗卫城（在尼泊尔南部，坐落在喜马拉雅山的楚里亚山卢醯赋河畔，临近蓝毗尼），诞生了一位名为乔达摩·悉达多的王子。这位王子享尽宫廷奢华、人伦之乐，可是王子婚后不好娱乐，念思出家，国王十分忧虑，与诸臣商议令王子出游，以化散其出家之意。于是王子在诸侍从的陪伴下出宫游观，出东门时见老人，出南门时见病人，出西门时见死人，出北门时见僧人，他看尽了人生的悲苦无奈，最终于29岁出家，苦修6年后，35岁悟道成佛，80岁时于拘尸那城归于涅槃。

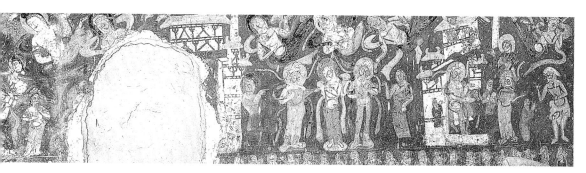

莫高窟第275窟　　　佛传故事之太子出游四门图

画面中清晰地展现了"遇老人"和"遇僧人"的情景,特别是"遇老人"的画面,画家笔下的老人,白发、白眉、白胡,身形消瘦而佝偻,一旁骑在马上的王子则用一手轻轻指向老人,仿佛在询问什么。

"僧人"自是不必多讲,从人物所着的衣饰上,就可以一窥究竟了,就是那位已剃度、着右袒式袈裟的沙门。整幅画面线条简洁明快,虽然传承着龟兹石窟绘画的特点——"涂高不涂低"的西域画风,但是人物出现的"透视"形式已经非常明显,高高的阙楼、半掩的马匹以及人物皆为半侧身的立体形象。

莫高窟现存的佛传故事画基本上有三种表现形式:

1. 横卷连环画的形式,每个情节都事无巨细地描绘出佛陀的一生。

2. 通过几个关键性的画面来表现佛陀的"四相"或"八相"。

3. 以中国传统的屏风画的形式再现佛陀的一生。

关于佛陀一生的记录有很多的佛经译本,从东汉时的《修行本起经》到北凉时的《佛所行赞》,从隋时的《佛本行集经》到宋时的《众许摩诃帝经》,这些字字珠玑的典籍足以呈现出佛陀不平凡的一生;关于佛陀一生的记录有更多的佛教造像,从印度山奇大塔上的佛传到贵霜迦腻色伽金币上的佛陀,从阿育王的石柱到犍陀罗的石雕,从龟兹的菱形山画到敦煌的横卷构图,这些笔底春风的画卷足以还原佛陀不平凡的一生。

藻井是由中国古时木质建筑中的天井转化而来的。

由于中国古代建筑多为木质结构，容易失火，

所以人们就用四根木头，横两根、竖两根，

搭成一个"井"字形，置于顶部。

有井就有水，借此寓意相生相克，以求达到以水克火的目的。

后来人们觉得有井还不够，便在木头上画上水生类植物，

于是天井就变成了藻井，正所谓"交木为井、饰以藻纹"。

这种极具装饰性的纹样，逐渐被应用到了石窟当中，

成为一道亮丽的风景。

第四讲

叠木而成，
惊艳『天窗』

——莫高窟现存最早的斗四藻井

莫高窟第 272 窟　窟顶泥塑彩绘套斗式藻井

第272窟，莫高窟最早的三个洞窟之一，建于北凉（397—439）。窟顶近似穹隆，井中部绘有莲花，我们通常将这种出现在窟顶顶心的图案称之为"藻井"，它也被认为是一种建筑形式，而出现在窟顶其他部位的则被唤作"平棋"。

藻井是由中国古时木质建筑中的天井转化而来的。由于中国古代建筑多为木质结构，容易失火，所以人们就用四根木头，横两根、竖两根，搭成一个"井"字形，置于顶部。有井就有水，借此寓意相生相克，以求达到以水克火的目的。后来人们觉得有井还不够，便在木头上画上水生类植物，于是天井就变成了藻井，正所谓"交木为井，饰以藻纹"。这种极具装饰性的纹样，逐渐被应用到了石窟当中，成为一道亮丽的风景。

第 272 窟的藻井为浮塑斗四藻井，它是莫高窟现存的第一个斗四藻井。井中央的三层方井以 45 度反复相套、依次渐小，形成了多重方井套叠的几何结构，具有鲜明的建筑特征。藻井中心彩绘轮状莲花，边饰土红底，以石绿、石青和白色画忍冬纹与云气纹，四角绘摩尼宝珠，中层与外层之间的四角绘四个飞天，色调热烈。

　　这是一种仿中国古代宫殿内木构斗四方井的图案，在今天的塔吉克族民居中依然可以寻觅到它的踪影，即叠木而成的一种天窗形式。东汉王延寿《鲁灵光殿赋》云"圆渊方井，反植荷蕖"，说的就是此类藻井。

　　那么这种图案在石窟中大量出现，其佛教寓意是什么呢？结合四周围绕的火焰、忍冬、云气、飞天等纹样，纵观整个窟顶，我们可以认为这是以莲花比喻佛法，并表现以此为中心的佛国世界，纹饰暗示种种宝物供养，飞天则寓意各种天人供养。

　　莫高窟约有 400 个洞窟绘有藻井，它集造型样式之大成，成为我国图案艺术宝库的重要组成部分。早期的藻井图案简单、朴实无华，随着时代的审美变化和信仰的需求，逐渐由简变繁。这种既蕴含佛教教义又极具装饰性的图案，在吸收外来文化的过程中演变成了独具特色的艺术表现形式。

莫高窟著名的北凉三窟之一第272窟，保存了两组丰姿多彩、
情致优雅的供养菩萨。

这些菩萨分行排列，动态十足。

有的双臂屈肘，一手置于腹前，一手扬掌举至肩上，双腿盘坐，神态自在；

有的扭腰摆腿，手握腰际，回首侧目，婀娜多姿；

还有的双手捧盘，双脚踏莲，虔诚供养。

这些变化多样的供养菩萨，

温柔细腻的手势，纤巧灵活的身躯，轻捷柔美的肢体，

呈现出了动中有静、静中有动、动静皆宜、气韵贯通、浑然一体的韵律美。

第五讲

情致优雅的『小字脸』菩萨

——莫高窟壁画的人物绘画技法

莫高窟著名的北凉三窟之一第 272 窟，保存了两组丰姿多彩、情致优雅的供养菩萨。

这些菩萨分行排列，动态十足。有的双臂屈肘，一手置于腹前，一手扬掌举至肩上，双腿盘坐，神态自在；有的扭腰摆腿，手握腰际，回首侧目，婀娜多姿；还有的双手捧盘，双脚踏莲，虔诚供养。这些变化多样的供养菩萨，温柔细腻的手势，纤巧灵活的身躯，轻捷柔美的肢体，呈现出了动中有静、静中有动、动静皆宜，气韵贯通、浑然一体的韵律美。

莫高窟第 272 窟
听法供养菩萨

莫高窟第 272 窟
各式姿态的菩萨

更引人夺目的是色调温暖的土红作为了整个画面的背景，显得厚重浓丽。造型上除了线描之外，还采用了来自西域的明暗晕染来表现出人物面部、肌肤的立体感。

这种明暗法也叫做凹凸法，简单来讲就是将色彩由浅到深沿着肌肤边缘、眼球、鼻翼的凹陷处叠绘两三次，每一次叠色都会加深颜色的错位重叠，形成深浅有别的色阶，最后还需要在眼球、鼻梁等高隆的部位，加绘白色表现高光，经过以上线描和叠染后，一个"势若脱壁"的人物形象就应运而生。

但这种绘画技法绘制的人物形象时隔千年后有了新的容颜，我们称之为"小字脸"。之所以这样称呼是因为敦煌壁画用矿物色为颜料直接绘制，基本不用混合色，叠染凹凸色有浓淡的要求，从而需要添加白粉调制，年久日深，肉色中混合的铅白、铅丹，根据混合的多少不同，有的由红色变成灰色，有的直接变成了黑色，目前呈现的面貌大部分是灰色的肌肤，粗黑的轮廓。起初在白色眼球上描绘的两只眼睛和鼻梁，经过岁月的磨损，线条遗迹消失，两只眼睛和鼻梁在脸上显得更加突出，就像是用白色书写的汉字"小"字，因此称之为小字脸。

这样动作刚健、情调奔放、翩翩起舞的供养菩萨呈现出的柔美与灵动，加之丰富多彩而又和谐统一的群舞供养，不仅表现了欢乐优雅、庄严美好的佛国世界，更表达了千百年来人们热爱生活，对美好未来的憧憬与希望。

北魏

北魏的洞窟和造像，宗教氛围越发浓厚，

带有一种悲天悯人的味道。

风格上既有浓郁的西域风格，也就是粗犷豪放的一面，

与此同时也开始带有细腻的中原风。

这一转变背后，与当时佛教的发展情况密切相关。

一笑间，宿世

弹指如湮

——北魏禅定佛

北魏时期的敦煌,在经历了西北民族政权更迭交替之后,又一次重获新生。战争、迁徙带给敦煌的伤痛,被莫高窟的庄严、慈悲慢慢抚平。

北魏的洞窟和造像,宗教氛围越发浓厚,带有一种悲天悯人的味道。风格上既有浓郁的西域风格,也就是粗犷豪放的一面,与此同时也开始带有细腻的中原风。这一转变背后,与当时佛教的发展情况密切相关。

南北朝时期的佛教发展受到了较强的地域约束,特别是南方的经济较为繁荣,文化底蕴深厚,世家大族众多,很多的佛教寺院都是这些大族舍宅为寺而来,相应在这些佛寺中得以形成完整的并带有中国传统玄学思想的佛教理论体系。因此在南方的佛教发展中,更为强调对于佛教理论思想的建立和修持。

而北方经济相较于南方颇为萧条,思想文化更是略显单薄。故更愿意追求实际并可行的修持方式,多以"凿仙岩以居禅"的形式来开建一些较为具象的石窟,这些洞窟作为禅修场所,见证修持的各个境界。

莫高窟第 259 窟
释迦禅定像

在南北朝时期,由于佛教传播路线的不同,便形成了"南重义理,北重禅修"的佛教发展趋势,特别是石窟群中的造像便成了禅修观像的绝佳体裁。

在莫高窟北魏石窟群中,第 259 窟的造像便是其中翘楚,最为吸引人的应该就是洞窟北壁下方佛龛中的那尊禅定佛。

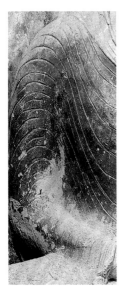

佛像身披通肩袈裟，面部丰满圆润。两耳垂肩，高髻披发，体态端庄匀称，造型古朴凝重。袈裟随身紧裹，给人以薄纱透体之感，衣纹则用阴刻线技法处理，细密适度，自然流畅，富有绘画的线条美，连衣褶的粗细深浅，工匠都刻画得入木三分。

佛像双目下视，在沉思的状态中，眼眸微闭，这是进入禅定的一种境界。

"禅"是梵文的音译，意为"思维修""静虑"。虽然禅定是佛教徒修行的必经之路，但更是一种洞察生命本性的艺术。所以说禅本质上是用来解放心灵，以达到"心静则国土净"的理想境界。在唐代时期颇为流行的佛教典籍《六祖坛经》中也做了这样的阐述："外离相曰禅，内不乱曰定。"

而这尊造像约略隆起的鼻翼，微微上翘的嘴角，弯如半月的双唇，显露出的一丝笑意，是发自灵魂深处的会心微笑，这也是微妙的心理流露，表明了对佛教哲理的领悟，已超凡脱俗，洞察一切。

莫高窟第 259 窟
禅定像 局部

在大多数的石窟造像中，
佛像或绘或塑，都是单独一尊，
将两佛并列在一起，有何寓意呢？

二佛并坐，
宝塔自见

——第 259 窟释迦多宝说法塑像

在大多数的石窟造像中，佛像或绘或塑，都是单独一尊，将两佛并列在一起，有何寓意呢？

首先，我们来认识一下"二佛"。它们是释迦佛和多宝佛。释迦佛经常能见到；多宝佛，又译大宝佛、多宝如来，是东方宝净世界的教主，在多部大乘经典中都有出现。多宝佛与释迦佛并坐说法，最早见于《法华经》卷四《见宝塔品第十一》。

佛经提到，当释迦在灵鹫山为大众讲《法华经》时，有七宝塔从地中涌出，耸立于空中，多宝如来即在塔内，坐狮子座上，全身如入禅定。多宝如来的突然出现，其实是因为一个誓言。他曾立誓，在成佛灭度之后，凡十方世界有宣说《法华经》之处，必自地涌现于前，以证明此经的真义。所以当释迦开始讲《法华经》时，灭度已久的多宝佛自东方世界而来，与释迦佛并坐于多宝塔内。

在莫高窟北朝时期 36 个现存洞窟中，共有 4 个洞窟表现《法华经》"见宝塔品"这一题材，其中表现"二佛并坐"主题的，除了第 259 窟是彩塑，其余皆为壁画。

第 259 窟释迦多宝说法塑像，也是敦煌地区所见最早的"二佛并坐"塑像。他们的面部及胸部被重修过，二佛身穿凉州式偏袒右肩袈裟，袈裟的衣纹线密集流畅，有"曹衣出水"之感。龛外塑胁侍菩萨。

第 259 窟开凿于北魏前期，前部为人字披顶，后部为平棋顶，西壁正中前凸部分形成一个半中心塔柱，整体洞窟形制类似中心塔柱窟，但这样的中心柱则唯其一例。这样的处理，显然是为了突出二佛并坐是本窟造像的主尊的地位。

有学者认为，第 259 窟的二佛并坐被塑造得格外华丽突出，一来是大行"法华"的需要，二来也是北魏政治处于特殊形势下对艺术表现的要求，而到了北魏晚期似乎又回到早期造像的朴实无华风格。二佛并坐塑像不仅出现在敦煌莫高窟，在许多遗存的北魏佛教洞窟中都可以看到，如炳灵寺洞窟、巩县石窟、天龙山石窟、云冈石窟等。这一题材在北魏后半期最为盛行，尤其在北魏献文帝、孝文帝时达到高潮。二佛并坐造像，成为我们判定《法华经》内容的标志性图像。

北朝时期，

这些在赭红底色上绘成的长卷故事画大多以人物、动物为主，

山水、房宇为衬，这正是汉晋传统画风在佛教壁画中的延续。

画中穿汉服的长者，印度风貌的国王，中国式的飞檐，

无不真实地反映了北魏时期外来佛教艺术逐步汉化的演变过程，

这种多文化杂糅并存的现象也恰恰凸显出敦煌本土艺术的独具特色。

凹凸晕染，
势若脱壁

——第 257 窟戒律画

莫高窟第 257 窟
沙弥守戒自杀缘品　局部

《沙弥守戒自杀缘品》是佛教戒律
画代表作之一，存在于莫高窟第 257、第
285 及第 98 窟，其中北魏时期（386—
534）所开凿的第 257 窟的南壁作品为敦
煌石窟这一题材中最完美的。

整个画面从左至右按故事发展的先
后顺序以横卷连环画的形式绘有七个情
节，依次为 : 1. 长者送子出家剃度为沙弥 ;
2. 老和尚吩咐沙弥乞食 ; 3. 少女开门迎沙
弥 ; 4. 沙弥守戒自刎，少女哀痛 ; 5. 少女
向父亲陈述事由 ; 6. 少女之父向国王交罚
金 ; 7. 火化沙弥，起塔供养。

画面中的人物面部多呈现出"白鼻黑
眼"的现象，这与晕染变色有着密切的关
系。早期的莫高窟壁画中多使用一种叫做

"凹凸法"的晕染技巧，又称"天竺遗法"。古籍《建康实录》记载张僧繇曾在一乘寺使用此法作画，而在敦煌壁画中则多用于表现"势若脱壁"的人物立体效果。因使用此法绘制人物肌理时常会用到铅丹、铅白等色彩，日久年深，加之湿度、光线变化等原因，造成人物色彩部分氧化的现象出现。

北朝时期，这些在赭红底色上绘成的长卷故事画大多以人物、动物为主，山水、房宇为衬，这正是汉晋传统画风在佛教壁画中的延续。画中穿汉服的长者，印度风貌的国王，中国式的飞檐，无不真实地反映了北魏时期外来佛教艺术逐步汉化的演变过程，这种多文化杂糅并存的现象也恰恰凸显出敦煌本土艺术的独具特色。

　　《沙弥守戒自杀缘品》出自《贤愚经·沙弥守戒自杀品》，
由于《贤愚经》《报恩经》这些佛教经典在中国有着较好的群
众基础，所以在敦煌石窟中也绘制了大量相关题材。这个故
事很是悲壮，它表现了欲与律的矛盾，我们被沙弥守戒自刎
的精神所震撼的同时，也不禁感叹少女那份勇于表露心迹的
执着，这份执着丝毫不逊色于今天那些大胆寻觅爱情、追求
幸福的少女。

　　关于感情的话题，佛教是明令禁止的，敦煌壁画中对此也多有体现，故早期石
窟中有关爱情的题材，结局大多充满了悲剧色彩。其实，莫高窟表现戒律的石窟并
不多，但每每出现的时候，往往是中国历史上正法衰微、戒律废弛的时期，佛教希
望借此教化众生，以达到恪守成规的目的。

九色鹿，其实是佛陀的前世，这类故事叫做本生故事。

"本生"一词来自巴利文 Jataka，是讲述释迦牟尼成佛前的故事。

根据古印度轮回转生和业报观念，释迦牟尼成佛之前，

曾经降生为各种圣人贤者、仁禽义兽，积累了无数次转生的善行，

最终才修成正果，成为佛陀。

第九讲

林深见鹿

—— 《鹿王本生图》

莫高窟第 257 窟　鹿王本生图

20 世纪 80 年代，上海美术电影制片厂制作了一部名为《九色鹿》的经典动画电影，让敦煌九色鹿的形象深入人心。

九色鹿，其实是佛陀的前世，这类故事叫做本生故事。

"本生"一词来自巴利文 Jataka，是讲述释迦牟尼成佛前的故事。根据古印度轮回转生和业报观念，释迦牟尼成佛之前，曾经降生为各种圣人贤者、仁禽义兽，积累了无数次转生的善行，最终才修成正果，成为佛陀。

佛教创立初期，为弘扬佛法，争取信众，对民众耳熟能详的题材加以吸收、改造和利用，而根据这类本生故事编撰而成的佛经称为"本生经"，绘制成的图像叫做"本生图"。《鹿王本生图》就是其中之一。

鹿王，或者叫做九色鹿，是佛陀前世转生行善的仁禽义兽之一。鹿王本生，以鹿王行善的神迹，规劝人们行善、慈悲并尊信佛陀。

敦煌莫高窟第 257 窟中的《鹿王本生图》，是本生图这一题材中，保存最为完整、最具代表性的壁画。画面色彩饱满纯正，人物衣带若"浮云""惊龙"，更值得说道的是该图的布局采用横卷式连环画构图。画面由左向右，依次描绘九色鹿救助溺水者，溺水者发誓，九色鹿在山中游憩；后从右至左展开，描绘王后梦九色鹿，溺水者告密，国王同九色鹿对话；这样就把故事的高潮，也就是国王礼拜佛陀，放在中间偏左的位置，原因在于这一场景最能反映该壁画的宗教功能和意义。

据崇秀全《敦煌莫高窟第 257 窟壁画〈鹿王本生〉》考证，这种构图方法是为了突出情节，打破习惯上的按时间先后为序的情节分布法。与其他地区常见的本生图有所区别，如印度巴尔胡特浮雕采用"一图数景"，新疆克孜尔石窟采用"单幅方形画面"，可见莫高窟北魏壁画中融入了汉地的文化传统，在形式风格和表现手法上都有创新，反映了佛教艺术传入中国后与中国传统文化相融合的进程。

莫高窟第 257 窟
鹿王本生图　局部

佛教因缘故事是南北朝时期佛教石窟中较为流行的一类题材，

它主要表现的是释迦牟尼向大众讲述灵魂不灭、轮回转世、

因果报应等种种人世间的因果关系。

它们来源于古印度、东南亚等地流传的神话、寓言、童话故事等，

同时也是佛教劝喻世人崇信佛法，不恃强凌弱，言必有信，多行善事，积累功德，

来世得以福报的一种方法。

鹿王图中，另有玄机

——须摩提女因缘故事

莫高窟第 257 窟　须摩提女因缘故事画

佛教因缘故事是南北朝时期佛教石窟中较为流行的一类题材，它主要表现的是释迦牟尼向大众讲述灵魂不灭、轮回转世、因果报应等种种人世间的因果关系。它们来源于古印度、东南亚等地流传的神话、寓言、童话故事等，同时也是佛教劝喻世人崇信佛法，不恃强凌弱，言必有信，多行善事，积累功德，来世得以福报的一种方法。

　　莫高窟第 257 窟中有一幅长卷式的连环画，曾一度被认定为《佛说九色鹿经》中王后做梦的情节。李其琼、施萍婷两位老师在 1973 年整理藏经洞敦煌遗书时，为其定名为《须摩提女因缘故事画》。也就是这一次的因缘际会，被重新解读后的壁画再次走进人们的视野之中。

须摩提女因缘故事分别出现于四部佛经之中，莫高窟的这幅壁画是根据吴国居士支谦译《须摩提女经》绘制而成，共绘制了十三个场面，先后次序与经文保持一致，纹丝不乱。除此之外，在新疆龟兹地区的克孜尔石窟中也保存有相同的故事画，但是画工所绘内容，还是和敦煌石窟壁画存在着一定的差别。

　　古印度舍卫国富家女须摩提美貌娇艳，从小笃信佛教，后嫁于古印度满富城六道外师巨富长者满财的儿子为妻。

　　新婚时，公公满财宴请六千外道，须摩提女因教派不同，拒不接待外道宾客，引起了外道宾客的不满，公公满财多方赔礼，才平息了外道宾客的兴师问罪，须摩提女因此得罪了公婆、丈夫，夫家十分不满，心气难平，须摩提女也闭门不出。

　　后满财经好友指点，方知须摩提女为佛家弟子，释迦为正道，其法力无比。因此，满财请儿媳求佛前来赴斋说法，须摩提女听后非常高兴，梳洗打扮，着盛装登高楼，焚香恳请佛说法，释迦为须摩提女的虔诚而欣慰。

　　这处建筑中的厅堂、院墙、高楼都带有明显中原化的特点。然而外道所坐的坐具，则是一件西域的"舶来品"。现今人们称其为"马扎"，就是当时解放双腿的外来坐具"胡床"，由此也拉开整个中原王朝坐具改革的序幕。

莫高窟第257窟　大迦旃延乘五百白鹄

莫高窟第257窟　大目犍连乘五百六牙白象

郁郁支颐卧床的须摩提女和高楼虔诚请佛的须摩提女，生气时猥琐、丑陋的外道和平心静气并极力劝和的满财，这些人物生动的内心活动通过画工的合理构图，完美地穿插于建筑之中，既主次分明，又突出矛盾，可谓独具设计感的画幅。

第二天，释迦的弟子各显神通，依次从空中飞来：乾荼（伙夫）背负大锅飞来，沙弥均头乘五百棵花树飞来，般特乘五百头青牛飞来，罗云乘五百孔雀飞来，迦匹那乘五百只金翅鸟飞来，优毗迦叶乘五百条七头龙飞来，须菩提乘琉璃山飞来，大迦旃延乘五百白鹄飞来，离越乘五百虎飞来，阿那律乘五百狮子飞来，大迦叶乘五百马飞来，大目犍连乘五百六牙白象飞来。

当他们一个个从天而降的时候，满财长者都要问须摩提女："这是你的师父吗？"回答都不是。最后，释迦在众弟子的前呼后拥下出场，外道被佛的威力降服，统统皈依佛教。

莫高窟第 257 窟　释迦牟尼讲法

这些佛弟子的神通力，在画工多样统一的构思下，每一个画面都具有了无限的动感，不管是笨重的大象、青牛，还是撒野的狮子、老虎，也不管是翱翔的天鹅（白鹄）、金翅鸟，还是不动的琉璃山，一律让它们飞升，风驰电掣般一闪而过。

这些分段画面有着整齐的布局，但又是一个个分列的小单元，这就是佛教神通力的一次队列游行展示。画面中涌动的生命力和沉稳的佛弟子，以及被簇拥着最后出场的佛祖，无不令人热血翻涌、激动万分。

敦煌的石窟艺术是由建筑、壁画和塑像三者相辅相成的综合艺术。

石窟建筑作为壁画和塑像的载体，

它的形制多样性从某种程度上来讲也深刻地影响着壁画和塑像的题材和样式的变化。

莫高窟北魏第254窟具有代表早期石窟建筑的结构——中心塔柱加人字形坡顶。

中原建筑与印度空间的一次大胆结合

——早期洞窟形制

莫高窟第 254 窟　中心塔柱窟

　　敦煌的石窟艺术是由建筑、壁画和塑像三者相辅相成的综合艺术。石窟建筑作为壁画和塑像的载体，它的形制多样性从某种程度上来讲也深刻地影响着壁画和塑像的题材和样式的变化。莫高窟北魏第254窟具有代表早期石窟建筑的结构——中心塔柱加人字形坡顶。

　　中心塔柱来源于古代印度的"支提"式石窟，也被称为塔庙窟或者塔堂窟。在古代印度，它的结构形式是在一个纵长方形又类似于马蹄形的石窟空间的后部区域建造一个圆形覆钵式塔，供信众们礼拜。之后这种塔庙窟逐渐发展为下部塔台升高，正前面开龛造像，用于信众们礼拜的覆钵塔变为龛内佛像，但塔顶仍然保存最原始的基本结构，也就是类似于半球状的覆钵。

　　这种建筑结构随着佛教经过中亚传入西域后，由于开凿石窟有山崖的石质条件的局限，在印度的圆形覆钵式塔慢慢演变成为粗大的方形石柱结构，同时在石柱上也开龛造像。而敦煌石窟属于砂砾岩地质，这种岩体并不适合精雕细刻，同时又受到西域石窟的影响，所以敦煌的中心塔柱里的塔变为石窟中后部通顶的方形塔柱。在敦煌的碑刻文献中也有"中浮宝刹，匝四面以环通""刹心内龛"的描述，从这些文字记载中可以看得出敦煌石窟内中心柱的本意就是"塔"，所以把这种石窟建筑称之为"中心塔柱窟"。

这种石窟建筑形式虽然起源于印度，但经过长途的流传和长时间的发展，到了敦煌，它的空间形式与印度的支提式洞窟空间已相去甚远。

莫高窟现在保存有 29 座中心塔柱窟。第 254 窟的中心塔柱位于洞窟中轴线的中后方，塔柱前的空间是供信众们聚集听法的前堂，塔柱的侧面和后面是凿空相通的空间，这是信众们环绕塔柱拜佛观像的通道。塔柱的正面开凿一个大的佛龛，其余三面都开凿上下两层的双层龛，龛内造像也用于人们在绕塔期间观像礼拜。除了龛内的造像，龛外用模子脱出的富有立体感的影塑以及周围的壁画尊像都是信众们观像的对象。所以这种塔庙窟的宗教功能就是"绕塔观像"。第 254 窟作为北魏时期的代表洞窟，也充分地表现出了北朝时期所流行的禅修观像的风潮。

莫高窟第 254 窟　千佛

洞窟中与中心塔柱结合的前半部分结构类似于汉字的"人"字,所以被称为"人字披"或者"人字坡"顶。这种窟顶从力学角度看,可以通过两个斜坡均匀地分散洞窟顶部的压力,不至于使洞窟塌方,另外一方面两个斜坡由下而上聚拢到顶部,也延伸了窟顶的空间,让进入洞窟的人们不会感觉压抑。有学者提到这种窟顶结构应该来自中国北方民居建筑的房顶,因此"人字坡"顶一般被看作中原式的窟形结构。

莫高窟现存有 69 个"人字坡"窟顶。第 254 窟的"人字坡"顶作为早期的代表,在两个斜坡上分别用硬泥塑造出了非常形象的中国传统民居房顶的木质椽子结构,椽子上还彩绘有装饰图案和仿中国古代宫殿建筑部件纹样"金钉纹",椽子之间绘制了菩萨和枝叶相交的莲花。在两端的山墙上还保存了用真正木头制作的斗拱作为装饰。这样丰富多彩的建筑结构以中国传统建筑形式塑造了一个富有民族性、地方性并具有生活气息的建筑空间,是莫高窟大胆而又成功的尝试。

降魔成道是佛传的重要主题之一，很早就出现在石窟中。
从时间发展来看，从公元前的印度到中国的隋、唐、宋、元时期，
空间上，从印度、中亚、龟兹到敦煌，再到内地，
佛教的传播之路上，都有降魔成道的艺术遗迹。
可以说，降魔成道的题材演变是佛教文学艺术演变发展的一个缩影。

心如磐石，
降魔成道
——莫高窟最早的『降魔变』

莫高窟第 254 窟　降魔变

　　降魔成道是佛传的重要主题之一，很早就出现在石窟中。从时间发展来看，从公元前的印度到中国的隋、唐、宋、元时期，空间上，从印度、中亚、龟兹到敦煌，再到内地，佛教的传播之路上，都有降魔成道的艺术遗迹。可以说，降魔成道的题材演变是佛教文学艺术演变发展的一个缩影。

　　其表现的内容是释迦在成佛过程中，面对各种恶魔的威逼利诱而不为所动，并向大地伸手，请大地女神作证，最后降服魔军。

　　据学者考证，描绘"魔"的最早经典是阿育王时期的《尼波多经》（也称《经集》），当时的魔王形象只是一种抽象的概念。把恶魔作为怪异形象来描绘的是巴利文本生经佛传《因缘记》。

莫高窟第 254 窟的《降魔变》作为敦煌石窟中最早的一幅
降魔成道图，堪称其中的经典之作。

整个画面呈中心对称构图，佛陀居于画面正中，在菩提树
下结跏趺坐，形象高大坚定，在群魔之中坚如磐石。群魔手脚

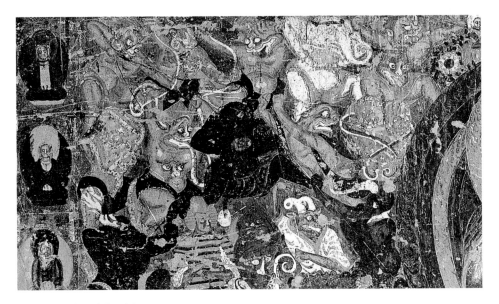

莫高窟第 254 窟　降魔变　诸魔

颠倒，在恐惧中正跪地投降。佛陀两旁的空间里，描绘了众
魔攻击的场景。佛右侧拔剑者为魔王波旬，穿着盔甲，正怒
视佛陀，拔剑的手刻画得刚劲有力。

佛陀右下方占比例较小的是魔王的三个女儿，身着龟兹

装，身披大巾，腰束长裙，穿半袖外套，头戴宝冠，搔首弄姿，姿态扭曲夸张，做妖媚状，企图以女性的魅力，动摇佛陀的意志力。

第254窟《降魔变》以丰富的想象力和高度的艺术夸张，

高窟第254窟 降魔变 魔女

对魔军进行奇形怪状、丑陋狰狞的刻画，与佛陀的庄严宝相形成丑与美的鲜明对比。宏大的场面营造出一种魔军嘈杂、形势紧张的气氛。画面中心的佛陀始终保持着岿然不动的姿态，佛陀周围的形象如魔王、魔女、魔军、老妪等循序出现，周围的躁动与佛陀的定如磐石形成了鲜明的对比。这样的构图和画面布局也突出渲染了佛陀沉稳的心灵境界。这是对佛教降魔道义的深刻描绘，给观者一种扣人心弦的故事性、引人入胜的通俗性和惟妙惟肖的可视性吸引。

这幅《降魔变》的构图方式，是一种主体式"异时同图"结构，把曲折复杂的情节巧妙地组合在同一画面上，铺排有序，多而不乱，主题鲜明。据专家考证，此画构思和布局与印度阿旃陀石窟第1窟《降魔变》壁画有相似之处。而在人物造型、色彩线描等方面，又显示出以传统为主、吸收外来文化的融合创新。

依据佛经，
释迦牟尼在未成佛前的无数世轮回中有过许多的传奇经历，
我们称之为本生故事，《萨埵太子本生》就是其中的代表。
建于北魏时期的第254窟是莫高窟早期洞窟之一，
窟内存有多幅优秀的佛教美术作品，
而绘于南壁的《萨埵太子本生》显得格外引人注目。

一切难舍，
不过己身

——『异时同图』的《萨埵太子本生》

依据佛经，释迦牟尼在未成佛前的无数世轮回中有过许多的传奇经历，我们称之为本生故事，《萨埵太子本生》就是其中的代表。建于北魏时期的第254窟是莫高窟早期洞窟之一，窟内存有多幅优秀的佛教美术作品，而绘于南壁的《萨埵太子本生》显得格外引人注目。

萨埵太子本生故事在《金光明经》《贤愚经》等多部佛典中均有出现。故事讲述：宝典国国王大车有三个儿子，一日三人入山狩猎，老虎将三太子吃掉。两位兄长还告父母，国王及夫人赶至山谷，抱尸痛哭，遂收拾遗骸起塔供养。

莫高窟第254窟
萨埵太子本生

莫高窟共绘有 16 幅《萨埵太子本生》，自北魏至宋均有表现，但以第 254 窟的作品艺术性最高。画面上段中部为三位太子遇见饿虎，右上角画萨埵太子投崖，右下角画饲虎，左下角画二兄见尸骸并还告父母，左上角画父母抱尸痛哭和起塔供养。

简单地说，敦煌壁画的构图经历了由单幅画到异时同图，再由连环画到经变画的发展过程。第 254 窟的《萨埵太子本生》即采用了异时同图的表现形式，它把一个复杂多变的故事用大小不同的几个画面穿插组合在一幅图中，各情节间再用山石树木以作区分。其中，舍身饲虎的情节无疑是此幅壁画的中心，也是构图的主体。画面中，啖食萨埵太子的饿虎与象征天国的白塔，平静安详的萨埵太子与抱尸痛哭的双亲均形成了鲜明的对比。整幅作品构思巧妙、主题突出，彰显出画师高超的艺术造诣和独特的匠心精神。

这一时期的壁画，基调浓重热烈，多使用红、青、绿、黑、白等色彩涂饰墙面。图中人物的刻画更是借鉴了印度的"凹凸晕染法"，轮廓屈如铁丝，遒劲挺拔。肌体用深色绘染外缘，中部隆起部分逐渐变浅，并用白粉提点最亮的部分，以求增强立体感。但对虎的表现则有所不同，壁画与中原古代墓葬中虎的造型较为相近，采取了平面装饰的处理方式，造型修长优美，在艺术手法上与汉代画像风格一脉相承。可以看出北魏时期的莫高窟壁画，既继承了中国传统民族壁画的特点，也汲取了印度及中亚各国的佛教艺术精华。它重视对人物心灵的塑造，以丰富的想象力和高度的艺术夸张，创造出了气韵生动的新时代美学。

佛教故事画是佛教艺术最早的表现形式之一。

因为故事画内容丰富，情节生动，通俗易懂，生活气息浓郁，

易被僧俗大众理解接受，所以它比佛像画、说法图、经变画、供养人画出现得早。

早在公元前3世纪，建造于古代印度的巴尔胡特和桑奇大塔上，

已经雕刻有大量的佛教本生故事画。

第十四讲

哀而不伤的
中和之美

——尸毗王割肉贸鸽

莫高窟第 254 窟　尸毗王本生故事

　　佛教故事画是佛教艺术最早的表现形式之一。因为故事画内容丰富，情节生动，通俗易懂，生活气息浓郁，易被僧俗大众理解接受，所以它比佛像画、说法图、经变画、供养人画出现得早。早在公元前3世纪，建造于古代印度的巴尔胡特和桑奇大塔上，已经雕刻有大量的佛教本生故事画。本生故事画是描绘释迦牟尼前生累世修行的故事画，依据佛教灵魂不灭，因果报应，轮回转世的思想，释迦牟尼前生要经过无数次的善行转世，最后才能成佛。在莫高窟北魏第254窟就保存了一幅1500多年前精彩的尸毗王割肉贸鸽的本生故事画。

故事讲述了古代印度有一位名叫"尸毗"的国王，他的国家土地肥沃，人民丰衣足食。尸毗王心向佛法，曾发誓要拯救众生。他经常行善，特别乐于帮助、保护弱小的生命。一日，一只老鹰在捕食一只鸽子，鸽子无处躲藏，飞到尸毗王身旁，请求保护。此时老鹰已追来，向尸毗王索要鸽子，尸毗王对鹰说："鸽子虽小，但它是一条生命，你不能做伤害生灵的事，将它吃掉。"老鹰答道："今日，你若不让我食鸽子，我就会被饿死，难道鸽子当救我不该救？"尸毗王道："此言有理，我不能救一命害一命。凡是生命我都要救。我可以用其他食物给你充饥。"鹰道："我只吃新鲜血肉，其他一概不能下咽。"尸毗王暗自思忖：自己立誓戒杀生，只能用己血肉。于是下令屠夫，割己腿肉给鹰吃。鹰道："既是大王血肉，我非敢多要，我只需与鸽同样重量的肉即可。"尸毗王传令左右拿来秤，一

头放鸽子，一头放割下的肉。但国王腿肉、身肉已割尽，重量仍不及鸽子。他决心把全身都施舍给鹰。国王忍着剧痛，坐进秤盘，重量恰与鸽相等。此举震动大地，感动了天神。诸天神撒下无数鲜花，歌颂尸毗王的美德。突然老鹰和鸽子不见了。少时，帝释天和他的大臣毗首羯摩满怀喜悦地站在尸毗王面前说："刚才我们化作鹰和鸽子特来试探大王，见到你所修苦行，果然是无上功德，以这样的功德可做天主，不知你所求是什么？"尸毗王说道："我不图人间的荣华富贵，一心只求佛道。"帝释天又问道："你为鹰和鸽子受了极大的痛苦，现在是否后悔？"尸毗王发誓说道："我永不后悔，我的追求是真诚的，如果能如愿以偿的话，就让我的肌肉复原吧！"话音刚落，尸毗王的身体就完好如初，没有一丝疼痛。这位尸毗王就是后来成佛的释迦牟尼。

莫高窟第 254 窟　尸毗王本生故事　局部

这幅《尸毗王本生》故事画构图巧妙，布局合理，主题突出。画家着力刻画了尸毗王这个被崇拜和歌颂的形象，把他画在正中，一手托着鸽子，一手扬起，似乎正在阻挡那只凶狠的老鹰。他的头微微前倾，表现出慈善，大度的精神，平静的面部表情，体现出无所谓的气概。

画面中尸毗王的左侧，一个面目凶狠的人正在一手操刀，一手用力取肉，而尸毗王则神情安详，充满了信心。画面右边

莫高窟第 254 窟
尸毗王本生故事　局部

莫高窟第 254 窟
尸毗王本生故事　局部

一人提着秤，一边放着鸽子，一边坐着尸毗王。旁边的人物较小，着重突出了尸毗王的形象，使画面结构单纯，简练，一目了然。尸毗王两侧对称地画出不同的人物。有的神态安详，

合掌赞叹；有的表情激动，悲伤痛哭。三位王妃，一个紧抱尸毗王的右腿，表情痛苦，似在极力劝阻。

中间一位扭过脸去，似乎不忍目睹割肉的惨状。另一位双手支颔，双眼凝视着尸毗王，似乎被他的舍身之举所震动，又似乎对他的行为不解。

这些画面与"割肉"场面形成了鲜明的对比，衬托出尸毗王决心牺牲自己以救鸽命的勇气和决心。同时，这幅画在对称中又有变化，使人感觉到具有浓厚的装饰意味。

同时故事画中用色错综，青、绿、灰、黑、白等冷色，烘托了严肃沉重，阴森凄厉的气氛，也大大增强了艺术感染力。佛经里描述的尸毗王割尽身肉，只剩下了一副血肉模糊残忍至极的骨架。但画面中的尸毗王面容庄严，神情自如。这样的画面表现一方面凸显出了主人公大无畏的精神，另一方面也反映了中国"形美以感目，意美以感心"的美学传统，更是润物细无声地表达了儒家中庸之道的"乐而不淫，哀而不伤""丧致乎哀而止"的精神准则。这些也就是董仲舒所讲的"中和"之美。中国古代绘画少有为表现喜怒哀乐的激情，而把人物形象歪曲到丑恶不堪入目的作品，这进一步反映了艺术家的审美心理和观众的欣赏习惯。

另外故事中国王救鸽子的情节既有痛厉怖惧的画面，又展现了崇高庄严的生命情态。人不再只是放在人的世界里讨论，更是放在"生物的""动物的"世界里来讨论，儒家的人伦世界被扩大了。儒家讲仁爱都是发自亲情和内心，所以只求施与不言回报，对弱者的"恻隐之心"就是一种对生命尊重的同情心，这种同情心在佛教中的实践就是"放生""不杀生""护生"。这其中"护生"尤为重要，历史中佛教寺院甚至还会豢养"长生猪""长生牛"来表现佛门的慈悲之道，好生之德。

综合来赏析，这幅1500多年前的尸毗王割肉贸鸽图无论是题材内容，还是构图用色，抑或绘画艺术，都是莫高窟同类题材中的不二杰作。

莫高窟又名千佛洞，

这里的"千"不是一千两千，而是很多很多，

多到了"如恒河之沙"永远数不清，

所以佛教所用的"千"也有永恒的意思。

据专家统计，在全国71个比较有名的佛教石窟中，

被称为千佛洞的石窟多达33个。

这些石窟在地理上横贯东西，时间上延绵千年，

这些都说明了千佛是佛教的一个重要艺术表现形式和信仰对象。

莫高窟现存的735个洞窟中有千佛图的洞窟达到了343个，

这其中北魏第254窟是莫高窟北朝千佛图像最有代表性的洞窟。

光光相照，
佛佛相次
——『千佛洞』里千佛图

莫高窟第 254 窟　千佛

莫高窟又名千佛洞,这里的"千"不是一千两千,而是很多很多,多到了"如恒河之沙"永远数不清,所以佛教所用的"千"也有永恒的意思。据专家统计,在全国71个比较有名的佛教石窟中,被称为千佛洞的石窟多达33个。这些石窟在地理上横贯东西,时间上延绵千年,这些都说明了千佛是佛教的一个重要艺术表现形式和信仰对象。莫高窟现存的735个洞窟中有千佛图的洞窟达到了343个,这其中北魏第254窟是莫高窟北朝千佛图像最有代表性的洞窟。

第254窟四面墙壁的壁画总面积达到了131平方米,其中千佛图的面积保存了47平方米,共画出1235身佛像。从布局上来讲,洞窟的东西南北四面墙壁都有千佛图像,每八身佛为一组,排列规整。整个洞窟的千佛图用色统一、精心绘制,色彩方面底色呈灰黑色,其实是古代的红色变色形成的,每一身佛的榜题都为白色,书写佛名的文字用黑色,佛像的华盖为双层分色,有的是上白下红,有的上红下白,相互交替显得整齐划一。佛像的头光、背光为四身一组,排列方式采用了绿、赭、黑、橙色相互组合的方式,整体画面呈现出了斜带的形状,形成了横看成行、斜看成道、道道相接、光光相照、佛佛相次的艺术效果。

佛像造型的身体比例、面相五官也富有规律感,绝大部分佛像的面部略显方而带圆,鼻梁长而高直,用白粉描线,两侧精细晕染,很好地表现出了五官的立体感。袈裟的穿着有的披肩,有的双领下垂,上下左右规律交替。佛像的华盖表现为双层结构，上层圆盖装饰两颗大宝珠，下层垂幔装饰三颗大宝珠，两边斜垂流苏，各装饰三颗小宝珠，佛像的莲座采用了富有动感的翻瓣莲花，整个装饰使得佛像呈现出更加庄严的气象。

从每一身佛像的局部和整幅画面呈现的规律，我们发现：1500多年前的画工从纵向弹出了中轴线，华盖、头光、背光、佛像、莲花座都是沿着这条中轴线左右对称分布。横向的弹线划分得比较详细，共有七条线，从上到下包括华盖的下线、头光与背光的交接线、佛像头顶线、佛像下颌线、禅定印手上线、禅定印手下线和莲花座上线。结合这些有力的分割线，画家从描绘轮廓到上色晕染到最后的定稿，都张弛有度，运用自如，更使得整幅千佛图犹如印刷品一般整齐。

每身佛旁都有一条榜题标明了佛名称。这里共有佛像1235身，榜题数目也是1235条。这些榜题位于佛像之间，既有分割作用，又有连接意义。榜题上方顶边，并不越过上一排佛像界线，既有表明这幅图的上线和上幅图下线的作用，同时又强调了横排连接的意义，并且使得整个画面有一种节奏感。

第254窟千佛图从内容和佛教意义上来讲都是值得探讨和深入研究的。目前学术界的论述众说纷纭：有说这些是"贤劫千佛"的，有说"十方诸佛"的，也有说"三世三千佛"的。从第254窟的1235条榜题来看，这里的千佛全是过去庄严劫千佛。因此，这里的千佛，既不是"贤劫千佛"，也非"十方诸佛"，应是"三世三千佛"。千佛榜题的名号排列顺序，就是一个很好的旁证。从东壁门南至西壁中部，表现过去世千佛；从西壁中部至东壁门北，表现未来世千佛。根据千佛名经分类，释迦牟尼佛和弥勒佛都属于现在贤劫千佛，而他们的形象是以彩塑的形式表现在洞窟中的佛龛内，是整个洞窟的主体内容。结合龛内的塑像，第254窟的整体内容是用绘塑结合的方式表现"三世三千佛"信仰。三世三千佛是佛教禅僧观佛想佛的主要对象，其信仰方式主要有五种：一为"持讽读诵"，二为"画写为他人说"，三为"画作立佛形象"，四为"供养鲜花伎乐"，五为"至心作礼"。这里的彩塑佛像，就是佛经中说的"画作立佛形象"的具体表现。1235条榜题，起到了"画写为他人说"的功用。壁画中的一个个伎乐形象是"供养鲜花伎乐"的体现，而中心塔柱则是为众僧通过"绕塔观像"来实现"读诵""供养"和"至心作礼"而设置的。

所以第254窟的这组千佛图无论是从保存程度还是艺术、宗教价值而言，都是莫高窟乃至整个石窟界中非同一般的精品之作。

《大日经疏》曰："白者，既是菩提之心。"
认为白色是清静慈悲之色。
《大唐西域记》记载，印度人一般以白衣为贵，
世俗之人多着白衣。
古代西域普通人士也穿白衣，
故佛典中以"白衣"作为在家之人的代名词。

—— 第 254 窟白衣佛

色彩的奥秘

色彩的寓意丰富多彩，不同的国家或地域自然有着不同的理解，今天我们要说的白色就是诸多色彩中的一个代表。

在广博的中国文化中，白色被认为属西方，西方是人的逝去之地，因此白色代表着死亡和丧事。白色还和地位有着一定的关系，如《佛像标帜义图说》中记载，白衣在中国为身份较低贱者所穿，如仆役等。但在西方文化中，白色则代表着善良、纯洁和幸福。因此，西方在举行婚礼时常以白色为主色调，新娘穿洁白的婚纱。日本也有着类似的规定，如"非高贵之人不得着白衣"等。这一切，其实都与中西方的生命观和死亡观有着密切的联系。

关于白色，佛教中同样有着诸多描述。《大日经疏》曰："白者，既是菩提之心。"认为白色是清静慈悲之色。《大唐西域记》记载，印度人一般以白衣为贵，世俗之人多着白衣。古代西域普通人士也穿白衣，故佛典中以"白衣"作为在家之人的代名词。

莫高窟的北朝石窟中绘有 5 幅身穿白色袈裟的佛像，其中北魏 2 幅、西魏 3 幅。因这些佛像着通肩白色袈裟，故又将其称为"白衣佛"，第 254 窟的作品即为莫高窟同题材中最早的。关于白衣佛像的身份，学术界至今尚无定论，有人认为是"佛影"，有人认为是着白衣的"弥勒"，还有人认为是"释迦"。

画中的佛像，身体和袈裟均为白色，这与北朝时期呈肉色或金色的其他佛像相比显得极为特殊。佛像的五官、身体及通肩袈裟均用细线勾勒，这种线描被叫做"盘曲铁丝"或"铁线描"。他头顶肉髻，结跏趺坐，袈裟上的衣纹呈U字形下垂，遮盖住盘起的双脚。佛像右臂上举，掌心朝前，左手指尖向下伸出，作说法印。在白衣佛的外围绘有圆拱形佛龛，龛楣和龛柱上配有装饰纹样。佛座不是北朝常见的须弥座，而是呈土坡状，上面绘有树叶一样的花纹。在佛像两侧还各绘有一幅胁侍菩萨，整幅画面肃穆庄严。

莫高窟第 254 窟
白衣佛　局部

莫高窟的白衣佛均采用了外来的晕染法，不仅人物面部、手足遵循印度绘画技巧，连身上的袈裟衣纹也染出了浓淡渐变，这类似于西洋绘画作品中的明暗处理。画面中采用了层层叠染的方式，在袈裟的下摆绘制出明显的阶梯状纹样，很有层次感，能够看出受到了犍陀罗佛像衣纹的影响。如果将它与敦煌石窟中的其他作品进行对比，会发现白衣佛的衣纹更加强调形体结构和造型的立体感，其艺术表现可谓博采众长，自成一家。

参考印度及新疆诸石窟的相关作品，单从艺术的角度来看，莫高窟第254窟的白衣佛与其说是壁画，倒不如说是对犍陀罗雕塑作品的摹写。我们常说"黑白"是永远流行色，这或许正是艺术传播过程中一种特殊的"时尚"表现形式吧。

西魏

图画天地，
品类群生

—— 第 249 窟西坡壁画

公元525年，一群大冠高履、服饰光鲜的旅人行走在西北广袤的沙漠里，
脚下虽为官道，旅程却依旧艰辛无比。
一行人车马劳顿，蜿蜒前行，伸向那遥远的西方。
在他们蹒跚的身形下留下的几行足迹，
被微风轻轻拂过，即消失在茫茫的沙海中。

公元 525 年，一群大冠高履、服饰光鲜的旅人行走在西北广袤的沙漠里，脚下虽为官道，旅程却依旧艰辛无比。一行人车马劳顿，蜿蜒前行，伸向那遥远的西方。在他们蹒跚的身形下留下的几行足迹，被微风轻轻拂过，即消失在茫茫的沙海中。

队伍的主人名叫元荣，来自洛阳，此行前往西北名城——敦煌，赴任瓜州刺史。熙攘的人群中不仅有官吏、军士，还有眷属、侍从，但最引人注目的当属那些手持墨斗、凿子等各式工具的匠人了。他们跟随元荣跋山涉水，终将中原的文化和艺术带到了敦煌，而我们的故事就从他们营造的石窟开始讲起。

莫高窟第 249 窟开凿于西魏时期（535—556），窟顶四坡内容丰富、色彩纷呈。既有神话传说、佛道人物，又有古代建筑、生活场景，可谓"图画天地，品类群生"，这其中尤以西坡壁画最为生动。

莫高窟第 249 窟　窟顶西坡壁画

壁画中使用了大量青金石之类的矿物质颜料，使得画面虽历经1400余年却依旧色彩鲜艳，宛如初绘。画面的中部为阿修罗王，身形高大，四目四臂，足立大海，手擎日月。阿修罗意为"非天"，是印度神话中的恶神，后被佛教吸收，跻身为天龙八部护法神之一。因其易怒好斗，骁勇善战，故人们通常把战场称之为"修罗场"。

莫高窟第 249 窟
阿修罗王

阿修罗王的上方绘制着峰峦叠嶂的须弥山，山巅矗立着巍峨的忉利天宫，宫门半开半闭。有学者认为，此山并非佛教圣地须弥山，而是中国的昆仑山。据《穆天子传》记载，周穆王西游时已有黄帝的宫殿坐落于昆仑山上，所以此窟西坡表现的建筑也有可能是黄帝天宫。

莫高窟第 249 窟
须弥山

阿修罗王的两侧绘有风雨雷电等诸神形象，雷公虎头人身，背生双翼；辟电形似雷公，手持铁钻；风伯背负风囊，大步飞奔；雨师口吐长练，普降甘霖。风雨雷电是中国固有的传统神话题材，多见于高堂殿宇或贵族墓葬之中。由于古代科学的局限性，人们对自然现象的理解相对浅薄，故认为有一种超自然的神灵控制着这些现象，继而产生了上述的神仙造型。

西坡下部两端的建筑里各坐一人，画面虽然简单，但这却极有可能是莫高窟最早的《维摩诘经变》。建筑的内侧还绘有羽人，他们耳出于项，臂生羽毛，与汉代帛画和画像砖上记录的仙人形象极为相似。佛教传入中国后，传统神话题材伴随着佛教艺术本土化的进程，由地下走向了地面，经墓室步入了石窟。它们的出现虽然对于佛教来说或许略显突兀，但却极大地丰富了石窟艺术的内容。

莫高窟第 249 窟
诸神

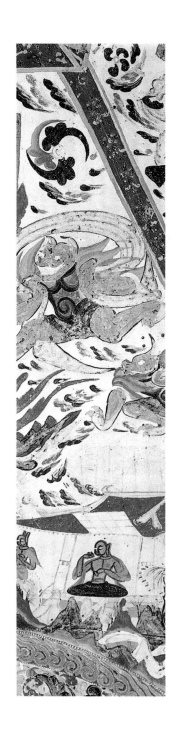

　　漫步在第 249 窟，当我们将目光投向
窟顶这些古老的壁画时，能够切身地感受
到"风雨雷电不绝于耳，神仙异兽浩荡巡
天"的迫人气势。整幅作品采用了奔放的
笔触、飞荡的动势来表现这些杂物奇怪、
山神海灵的人物形象，使画面超凡脱俗、
清新明朗，令观者印象深刻、回味无穷。

莫高窟第 249 窟
诸神

不止于狩猎

——敦煌壁画中的『动物世界』

狩猎图是中国古代传统绘画作品中常见的主题，
在莫高窟狩猎壁画之前，
它已在史前岩画、先秦青铜器、汉画像石以及魏晋墓葬砖画和壁画等
绘画艺术中大量出现。

莫高窟第 249 窟　狩猎图

狩猎图是中国古代传统绘画作品中常见的主题，在莫高窟狩猎壁画之前，它已在史前岩画、先秦青铜器、汉画像石以及魏晋墓葬砖画和壁画等绘画艺术中大量出现。

在莫高窟壁画中，这一主题从西魏到宋代的壁画中都有留存。在第249窟窟顶北坡，绘有经典的山中狩猎画面，猎人捕鹿射虎，场面十分惊险，是其中的代表之作。

画面中一人骑马回头射杀白虎，另一人骑马追逐前面的三头野鹿，山林间连绵的山峦，还有野牛、野猪等悠闲其中，刻画得十分逼真，人物鸟兽活跃于山林之间，表现方式或是以线条勾勒，或是以色块涂抹，是敦煌最生动的狩猎图之一。

狩猎图在敦煌莫高窟这一佛教圣地中大量出现，似乎背离沙门清净之法，这对于佛教徒而言，显然是不可思议的。

据丛振的《敦煌狩猎图像考》，这幅图中有两处狩猎场景：画面上方三只矫健的鹿并排向前狂奔，后有一名猎人跨马疾驰，穷追不舍，并手举标枪，做投射状。鹿从来都是狩猎的好对象，其在狩猎图中出现的频率非常高。

> 譬如群鹿怖畏猎师，既得免离，若得一跳，则喻一归，如是乏跳，则喻三归，以子跳故，得受安乐；众牛亦尔，怖畏四魔恶猎师故，受三归依，三归依故，则得安乐，受安乐者，即真解脱，真解脱者，既是如来。
>
> ——《涅槃经》卷五《如来性品》

研究者认为，这里是以鹿为代表来泛指猎人所射杀的一切动物，其逃命奔跑之跳，又喻众生为脱离尘世的各种烦恼和生死轮回之苦而应向佛门三皈依。狩猎图像的出现正是意在劝人勿杀生，佛教的这种不杀生观念，被画工按照自己的理解绘制成情节类似的狩猎图，这也是莫高窟壁画中狩猎图数量繁多的主要原因。

莫高窟第249窟　狩猎图　局部

龙凤相对，
暗含巧思

——同一洞窟内各有千秋的说法图

在莫高窟西魏第249窟南北壁的千佛中部，
保存了两幅独具一格的说法图。
这两幅说法图看似一致，实则各有千秋，
在不变的主题下，画工却巧思设计，
镌刻出了时代的印记。

莫高窟第 249 窟
南壁说法图

"说法图"这一题材在莫高窟的历史长河中可谓贯穿始终，有以释迦世尊为主的，也有以药师如来为主的；有站立于莲台之上的，也有坐于宝座之上的；有单幅出现的，也有对称出现的。特别是莫高窟北朝时期的各式说法图，也为后来各个时期壁画题材的创新打下了夯实的基础。

在莫高窟西魏第 249 窟南北壁的千佛中部，保存了两幅独具一格的说法图。这两幅说法图看似一致，实则各有千秋，在不变的主题下，画工却巧思设计，镌刻出了时代的印记。

西魏时期的敦煌是一片粗犷而热烈的土地，在这片沃土上孕育了中原之"画"，它蓬勃绽放的身姿已经浸入了莫高窟的墙壁之上。其中，极具特色的龙凤纹饰也已开始崭露头角，但是画工的构图组合却具有明晰的实用功能。

莫高窟第 249 窟　南壁华盖凤鸟装饰

莫高窟第 249 窟　北壁华盖祥龙装饰

莫高窟第 249 窟
北壁说法图

　　华盖两侧分别绘制的口衔流苏的凤鸟和祥龙，皆做俯冲飞翔状，头、脖项、腹部之间作 S 形。这两者皆属中国古代的"四灵"，在上古时期就已经根植于人们的图腾信仰之中，而此时它们有了另外一个身份——装饰图案画。

　　两幅说法图中佛两侧相对画出四身飞天，各具特色却浑然天成。一强一弱；一粗犷，一纤细，这是中原风格与西域风格并存一壁的大胆诠释,这同样也展示了一种变化中的和谐之美。

莫高窟第 249 窟　南壁飞天

画幅中的那些身体清瘦，飘带细腻，身着宽大长袍的中原风格的飞天，尽管动作的幅度很大，但是身体转折的曲线隐没在了宽大的衣袍之下，颇具柔和的情趣。

而画幅中上身半裸，身体强壮，下着长裙的西域风格的飞天，却具有非常强烈的张力。其身姿有的弯曲成圆弧形，有的从天空中俯冲而下，手肘、膝盖等关节的强烈突兀的转折，是节奏和力量的象征。

风沙掩埋了莫高窟的岁月，却无法湮灭那些炽热的色彩，飞动的线条。在画工们描绘的理想天国中，我们也感受到了他们那一份不竭激情。恐怕也只有这种激情才能孕育出壁画中那些张扬的想象力量吧。

莫高窟第 249 窟　北壁飞天

凿仙岩以居禅

——莫高窟早期禅窟

人类开凿石窟的活动由来已久，
佛教石窟的开凿一方面与躲避雨季和避暑有关，
另外一方面则与远离城市的喧嚣，崇尚禅修有关。

莫高窟第 285 窟　大型覆斗顶禅窟内部

人类开凿石窟的活动由来已久，佛教石窟的开凿一方面与躲避雨季和避暑有关，另外一方面则与远离城市的喧嚣，崇尚禅修有关。

现存于印度的石窟中有一类被称为"毗珂罗窟"，也就是"僧房窟"。这种石窟传到中国后被改建成了"禅窟"，二者的区别是，印度的毗珂罗窟有可以睡觉的床，中国的禅窟只用于坐禅，僧人起居另有僧房。

莫高窟的第267窟至271窟是修建于十六国晚期的一组小型禅窟，也是禅窟的一种早期形式。它的主室呈纵长方形，后壁开凿一个浅龛，龛里塑造一尊塑像，窟室南北壁各开两个小禅窟，禅窟的空间很小，仅仅只能容纳一个人坐禅修行。

莫高窟第 285 窟　主室西壁

开凿于西魏大统四年（538）、大统五年（539）的第
285 窟，是较大型的方室覆斗顶窟，中央设有低矮的方台，后
壁正中开凿一个大龛，中间塑造佛像，两侧各开凿一个小佛龛，
内塑禅僧塑像。

南北两边墙壁各开四个小禅室，可容纳八个禅僧同时禅修。

窟室内的壁画艺术也与禅修相关，在覆斗顶四坡的下部，
绘制出在山林中禅修的禅僧 36 个，四坡上部绘制满了天空诸

神灵与奇禽异兽。神灵的彩带飘舞，搅动着祥云翻卷，满壁风动，体现禅修静思后进入一种虚幻的精神世界。

从窟形、塑像、壁画三者结合来看，第285窟是一个内容以禅修为主的洞窟，这也正体现了早期洞窟是为"凿仙岩以居禅"的主题。

另外莫高窟的北区也保存了相当数量的禅窟，

这类禅窟的特点是洞窟里没有生火做饭用的灶台和烟道，也没有用火的痕迹，洞窟内也没有壁画保存。根据学者们的考古研究，北区的禅窟分为多室禅窟和单室禅窟。

多室禅窟简单地讲就是有多个禅室的禅窟，这种洞窟在北区目前保存了9个，它的特点是有前室、中室、后室和数量不等的侧室，所以多室禅窟面积都比较大。比如现在编号B132窟保存了中室、后室和南北五个侧室，总面积近48平方米。

单室禅窟就是只有一个禅室的禅窟，这种洞窟在北区大约保存了73个（不包括把禅窟改为瘗窟的数量），它的特点是面积普遍比较小。

北区出现大量禅窟的原因我们可以从一些文献中找到答案，比如《坐禅三昧经》中有云：“闲静修寂志，结跏坐林间。”又比如《禅秘要法经》中所讲：“出定之时，应于静处，若在冢间，若在树下，若阿练若处。”这些经文明确指出，修禅应该在闲静之处，或在冢墓之间。莫高窟北区与离佛事活动频繁的南区有一定的距离，所以比较安静，而北区崖面上又有数十个瘗窟（埋葬去世人灵骨的洞窟），所以北区也成为“凿仙岩以居禅”的理想之地。

—— 敦煌现存最早的因缘故事画

秀骨清像，
以形写神

整个故事在洞窟的南壁从东向西以横卷连环画的形式依次展开，

分别为官兵征战、强盗被俘、国王审讯，挖眼惩罚、放逐山林，强盗悲号、

佛祖度救，香药医眼、听闻佛法、出家剃度、修行觉悟、传阅佛经等，

画面首尾俱全，跌宕起伏地描绘出了全部情节。

每个故事情节之间的建筑物和山峦树竹，

既分隔了各个画面，又成为整个故事场景环境的纽带，

使得故事按照时间的先后顺序统一地组织在一个完整的时空环境之中。

莫高窟第 285 窟　五百强盗成佛因缘

　　莫高窟西魏第 285 窟南壁的《五百强盗成佛因缘》是敦煌现存最早的因缘故事画。故事讲的是在古印度的憍萨罗国有五百个强盗，他们烧杀抢掠、无恶不作。于是国王派大军前去镇压，由于国王的军队装备精良，所以强盗很快战败被捕，这些强盗被处以极刑，比如割鼻、削耳、挖眼睛，最后被扒光衣服放逐山林。强盗的痛哭之声传到了佛祖的耳中，于是佛祖心生怜悯，以神通力散下雪山香药治好了强盗的眼睛，并为强盗讲经说法。五百强盗受到感化遂皈依佛门，隐居山林，参禅入定，最后修成正果觉悟为五百位罗汉。

这个 1500 年前的故事在西魏、北周时期的壁画中一再出现，和北魏后期以来风起云涌的农民起义有很大关系。当时河西地区也受到了农民起义的威胁，特别是当时的瓜州城民张保杀了郡守郭嗣，晋昌人吕兴刺杀了刺史陈庆，这些不安定的动乱直接威胁到了驻守瓜州的东阳王元荣的统治，他在自己抄写的功德经发愿文中写道："惟天地妖荒，王路否塞，君臣失礼，于兹多载。"可见农民起义截断了从敦煌去洛阳的道路，闹得元荣都不能履行君臣之礼，因此就大造佛窟，抄写佛经，乞灵于宗教，希望四方附化，恶贼退散，以保障他们的安宁。

官兵征战、强盗被俘

整个故事在洞窟的南壁从东向西以横卷连环画的形式依次展开，分别为官兵征战、强盗被俘、国王审讯、挖眼惩罚、放逐山林、强盗悲号、佛祖度救、香药医眼、听闻佛法、出家剃度、修行觉悟、传阅佛经等，画面首尾俱全，跌宕起伏地描绘出了全部情节。每个故事情节之间的建筑物和山峦树竹，既分隔了各个画面，又成为整个故事场景环境的纽带，使得故事按照时间的先后顺序统一地组织在一个完整的

国王审讯、挖眼惩罚

放逐山林、强盗悲号

时空环境之中。

这样剪裁精当、主题突出的构图和动到静的描绘手法，忠实突出地表现了"放下屠刀，立地成佛"的主题思想。画面一开始就是官兵与强盗之间你死我活地激烈交战。官兵以强大的骑兵优势得胜，俘虏了强盗。在这一场激烈的战斗场面之后，情节从动到静，逐步降调，审讯、受刑、悲哭之声消失在平静的山野之中。最后一幅画面是皈依佛门的五百强盗在清泉流淌、野兽出没、幽美平静的山林里参禅修行，使得整幅故事画结构紧凑，中心突出。

画面中清瘦的人物形象也突显出了东阳王元荣从内地带入敦煌全新的中原式风格"秀骨清像"的南朝特点，人物造型以线描为主，敷色淡雅，减少了西域式的凹凸晕染法。另外画面中的山犹如犬牙形状，似乎是小朋友画的卡通画，这也表现了早期中国山水画只是背景的特点，唐代张彦远在《历代名画记》中描述为"人大于山"，意思是人才是画面的主体，山只是辅助的画面。故事画中官兵们的精良装备更是突显出了重要的军事图像信息。

佛祖度救、香药医眼

听闻佛法、出家剃度

修行觉悟、传阅佛经

故事画中的官兵们骑马作战，不仅官兵穿有铠甲，就连战马也是披挂甲胄，这就是历史所记载的具装铠骑兵。历史中有所谓的甲骑具装，甲就是人铠，具装就是马铠，具装铠骑兵也就是指士兵与战马都披铠或甲的重装骑兵。

重装骑兵

从这幅故事画中我们所能看到的远不仅仅是故事内容的本身意义，它所包含的历史信息、艺术风格以及众多珍贵的图像再一次证明了莫高窟的壁画是为取之不尽用之不竭的墙上博物馆。

天衣飞扬，
满壁风动

——弹筝筷飞天

"飞天"一词最早见于南北朝成书的佛教史籍《洛阳伽蓝记》。

据佛经记载，佛在讲经说法的时候，十方国土大众前来听法，

并于空中散花、奏乐供养。

故而，我们通常将这些飞翔在空中的天神统称为"飞天"。

飞天的故里虽远在印度，

但自佛教传入敦煌之日起，便是画师们着力描绘的形象之一。

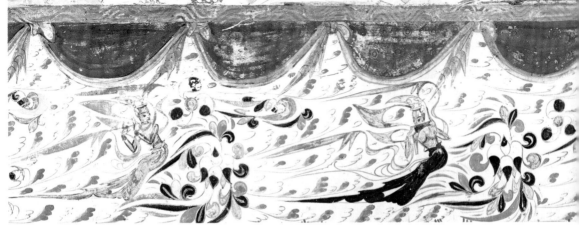

莫高窟第 285 窟　主室南壁　飞天

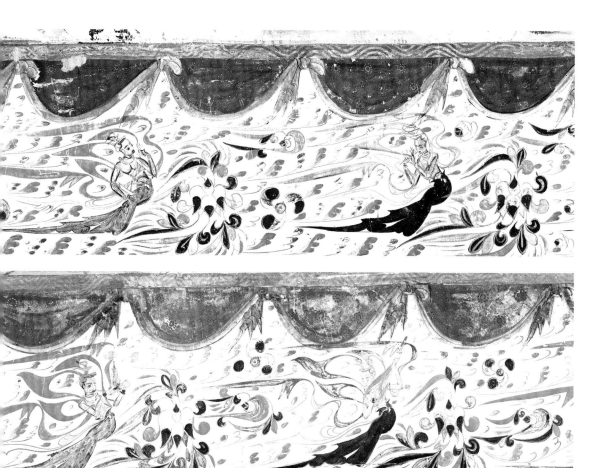

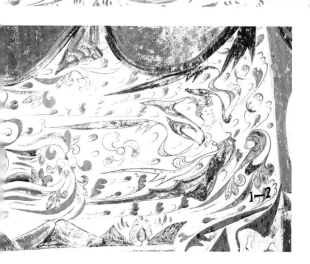

1—2

莫高窟第 285 窟　主室南壁　飞天

　　"飞天"一词最早见于南北朝成书的佛教史籍《洛阳伽蓝记》。据佛经记载，佛在讲经说法的时候，十方国土大众前来听法，并于空中散花、奏乐供养。故而，我们通常将这些飞翔在空中的天神统称为"飞天"。飞天的故里虽远在印度，但自佛教传入敦煌之日起，便是画师们着力描绘的形象之一。

　　莫高窟现存飞天 4500 余身，几乎窟窟皆存。她们不仅数量众多，延续时间长，且造型多样，韵律十足。与西方的天使有所不同的是，敦煌飞天强调了音乐性和舞蹈性，仅凭借摇曳的长裙，飞舞的飘带以及手中所持的乐器，便展现出姿态优雅、满壁风动的艺术特点。飞天是古代艺术家们智慧和想象力的结晶，更是劳动人民追求自由和美好生活的具象表现。

　　第 285 窟开凿于西魏大统四年 (538)、大统五年 (539)，其南壁上部绘有一组飞天，共 12 身。飞天头梳双髻，腰系长裙，长巾飘舞、体形窈窕，周边云气翻转、天花点点，显得极具动感。飞天手中所持乐器也是琳琅满目、种类繁多，为我们研究古代音乐提供了不可多得的第一手资料。

　　在南壁西侧还绘有两身童子飞天形象，其双腿上扬、身披长巾，因服饰轻薄通透而近乎裸体。此类飞天常见于印度及西域诸石窟，敦煌仅存十余身，多绘于西魏与北周壁画之中，显得弥足珍贵。

这一时期的飞天从脸型和服饰上来看，均趋向于中原风格，有着鲜明的秀骨清像特点。这些飞天额广颐窄、眉目舒朗、褒衣博带、潇洒飘逸，堪称敦煌飞天的精品。在色彩处理上，一改之前北凉、北魏的土红作底，厚重静穆的基调，以中原绘画中的"敷彩法"替代了西域的"凹凸晕染法"，显得清爽明快，生机勃勃。

敦煌飞天经历了千余年的岁月，展示出了不同的时代特色和民族风格。那优美的形象、欢乐的境界和永恒的艺术生命力，至今仍吸引着我们。

当中国上古神话
遇到佛教

——伏羲女娲像的改造

第285窟顶部四坡的壁画就如《鲁灵光殿赋》中所载：

"图画天地，品类群生。杂物奇怪，山神海灵。

写载其状，托之丹青。千变万化，事各缪形。随色象类，曲得其情。

上纪开辟，遂古之初。五龙比翼，人皇九头。伏羲鳞身，女娲蛇躯。

鸿荒朴略，厥状睢盱。"

窟顶这一众上古神祇之中，伏羲和女娲这对创世之神，却也显得与众不同。

莫高窟第 285 窟
窟顶全景

第 285 窟顶部四坡的壁画就如《鲁灵光殿赋》中所载：
"图画天地，品类群生。杂物奇怪，山神海灵。写载其状，
托之丹青。千变万化，事各缪形。随色象类，曲得其情。上
纪开辟，遂古之初。五龙比翼，人皇九头。伏羲鳞身，女娲蛇
躯。鸿荒朴略，厥状睢盱。"窟顶这一众上古神祇之中，伏羲
和女娲这对创世之神，却也显得与众不同。

在战国至汉代成书的《山海经》中就有关于伏羲和女娲的
记载，另在汉时的《淮南子》中，也有伏羲和女娲的相关形象

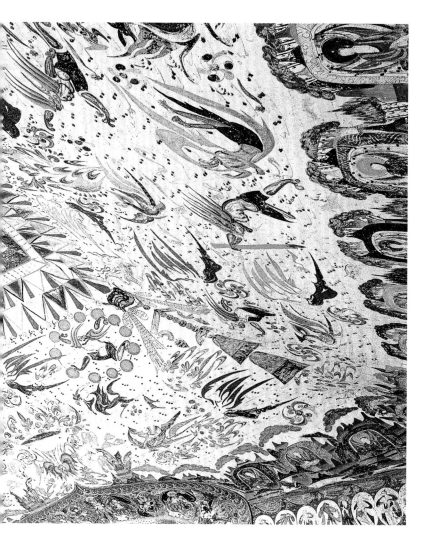

信息。汉代画像砖、魏晋墓室壁画、唐代墓葬绢画，通通都清晰而明确地勾勒出了他们的身影。

　　无论他们是以单体的形式出现还是尾部缠绕的形式出现，他们的手中都持有两样物品——规和矩。

　　《庄子》说："直者中绳，曲者中钩，方者中矩，圆者中规。"规象征圆，矩代表方，故而规矩表示的就是天圆地方。同样"规矩"也代表着秩序和一种不可逾越的标准，没有规矩便不成方圆。所以他们二位，不仅仅是创世神，更是秩序之神。

甘肃出土魏晋画像砖

"矩"代表了男性的坚毅,"规"则代表女性的圆融。二者相携而立,所谓刚柔并济,阴阳相生,彼此之间都是对方不可缺少的一半,这也喻示着万物存在的状态。

在西魏第 285 窟中,伏羲和女娲也有了另外一种图像形式,他们一改尾部缠绕的模式,而是蛇躯带爪,各立一侧。胸前所示圆轮中虽已漫漶不清,但是应为代表日、月的三足乌和蟾蜍。

其实在中国僧人所撰的佛教典籍中,伏羲、女娲被描述为阿弥陀佛的从属菩萨——宝应声和宝吉祥。在天地初开之时,没有日月星辰,人类生活在黑暗之中,于是阿弥陀佛便派遣他们二位前往第七梵天处取来七宝,创造日月星辰二十八宿,以照天下,并定春、夏、秋、冬四季。

大概,这就是为什么在西魏第 285 窟中,要将伏羲、女娲分别绘在摩尼宝珠两侧,并佩上日月圆轮的标志,将其由人类始祖改造成日月之神的"缘"因。

所以说这些上古的神话在人类发展历史进程中,不断和中国传统思想、外来宗教文化等结合,为自身不断地注入活力,使得这些神话更加生动、浪漫而富有幻想。

将中国神话人物改造为佛教人物,也同样适应中国佛教发展需要,这也同样证明了中国佛教的立体多维度和圆融共通性。

墨书映华服

—— 壁画中的魏晋服饰

图像中，从皇帝到官员权贵的服饰呈现出汉化的趋势，
当时官员的常服主要特征是宽袍大袖，褒衣博带，
以一种雍容华贵的风尚引导着整个社会的服装潮流。
此外，官服也受到汉族地区世家大族崇尚玄学的影响，
呈现出一种寄情山水，洒脱不凡的气质，
也就是我们常说的"魏晋风度"。

蓬固此波福生□□當得見□佛

床居善住太□□普及蠕動之類□□□樂

大□□續四年□□氏午出国□

放發遨□伴

正為□□

并工菩

三途須

百□□□史□□

我们是如何断定一个洞窟的年代的呢？

首先是看墙壁上的榜题文字，它是记录历史的有力佐证。第285窟北壁有大代大魏大统四年、五年榜题，于是我们清楚地知道此窟开凿于公元538年、539年，此时的敦煌已经走入了西魏时期。

再看北壁的各式供养人像，保存完好，举手投足仿佛刚刚离开。

图像中，从皇帝到官员权贵的服饰呈现出汉化的趋势，当时官员的常服主要特征是宽袍大袖，褒衣博带，以一种雍容华贵的风尚引导着整个社会的服装潮流。此外，官服也受到汉族地区世家大族崇尚玄学的影响，呈现出一种寄情山水，洒脱不凡的气质，也就是我们常说的"魏晋风度"。南北朝时期对于国王大臣的官服在颜色上也有要求，多以白色为主，少有绛红色，这也为洞窟的分期断代提供了很有力的例证。

此外，我们也会在供养人像中看到一种更为常见的官服样式，头戴笼冠，内罩平巾帻，外着大袖宽袍。这种笼冠在汉代

莫高窟第285窟
大代大魏大统四年榜题

莫高窟第 285 窟　供养人

画像砖中就已经出现，隋唐时期仍然沿袭。笼冠最初为武将所戴，也被称为武冠，后来成为从国君到官员通通适用的冠帽。笼冠是用黑漆细纱制成，形似小筒，高而平顶，两边有耳垂下，用丝带系缚。

　　而南北朝时期的贵族女子，常上着窄袖对襟襦衫，披巾搭在臂上，下着间色裙，围腰下延伸出襳髾。所谓"襳"，是指一种固定在衣服下摆部位的饰物，通常以丝织物制成，其特点是：上宽下尖，形如三角，并层层相叠。而"髾"，指的是从围裳中伸出来的飘带。由于飘带拖得比较长，走起路来，如燕飞舞。"间色裙"多以两种以上颜色的布条间隔缝成，布幅一般为六破、七破，最多不超过十二破，这个破其实就是褶的含义。

　　敦煌壁画中的蜚襳垂髾供养人像，以简练而夸张的艺术手法再现了蜚襳垂髾的丽人形象，长长的襳带和上身的襦带随风飘舞，仿佛感到女子在迎风前行。

　　魏晋南北朝时平民男子的常服是以窄袖干练的胡服为主体，一般是短衣下袴，即袴褶，这可能与胡服更适合于西北地区骑马或劳作有关。

　　传说袴褶始于先秦赵武灵王，最早的袴褶形象见于春秋时期的秦国骑兵陶俑，汉代的画像石上也常见短衣下袴的胡服士兵。魏晋以后，袴褶广泛流行于民间。在敦煌，其实谈不上什么引进胡服之事，因为袴褶本就是当地男子的传统服装。

莫高窟第 285 窟
西魏武士供养人像

　　第 285 窟中的供养人像中的男子们，他们上褶为圆领、对襟，有些是侧襟，窄袖紧身，衣长不过膝。领口、双襟、袖口及下摆均以异色锦或较厚实的质料缘边，下摆或作曲裾，或平裾，束腰。与袴褶配套的装束有腰带。有一种挂饰物的腰带，胡名"郭络带"，汉名"蹀躞"，以皮革为鞓，即皮带端首缀带舌的套环，环上可垂挂各种杂物。这是因为游牧民族居无定处，往往要随身携带日常生活所需的小件物品，后来传入汉地，也为汉人士族所用。

蛰伏沙漠的"万神殿"

——多文明汇流的第 285 窟西壁

随着佛教的东传，印度、希腊等外来艺术来到敦煌，

并与中国的传统文化相结合，形成了独具特色的敦煌石窟艺术。

画面中，鸠摩罗天的发式就与东晋画家顾恺之《女史箴图》上的儿童造型较为相似，

线描、晕染极具汉民族特点，

这也从一个侧面印证了季羡林先生所说的，四大文明汇流的地方只有一处，

那就是中国的敦煌和新疆地区。

莫高窟第 285 窟
主室西壁

　　第 285 窟，莫高窟早期代表窟之一，主室北壁因存有莫高窟最早的西魏纪年题记而备受业内人士关注。窟中壁画由于受到瓜州刺史东阳王元荣带来的中原文化的影响，所以无论从内容还是风格上，均呈现出典型的中国传统艺术特点。唯有西壁另辟蹊径，独树一帜，显得意义非凡，耐人寻味。

西壁中央凿一圆券形大龛，内设倚坐佛一尊。主龛两侧
各有小龛，龛内各存有禅僧像一尊，穿田相袈裟，戴风帽，
表情安详清秀。

主龛南侧绘有三头八臂的毗瑟纽天（毗湿奴），其下方为梵天以及三眼的帝
释天形象。两者皆面颜白净，项下有须，头戴宝冠，褒衣阔袖，宛如帝王一般。
相对的北侧则绘着三头六臂，半侧身坐于牛背之上的摩醯首罗天（湿婆），其下
方画有他的长子和次子，即象鼻人身的毗那夜迦天和骑孔雀的鸠摩罗天。

莫高窟第 285 窟　主龛左侧　　　　莫高窟第 285 窟　主龛右侧

莫高窟第 285 窟　日天

莫高窟第 285 窟　尼乾子

西壁左上方绘有一个白色圆轮和六个白色椭圆形轮，内画日天及其眷属。日天有头光，束高髻，双手合十，端坐于马车中，四马向两端相背奔驰。在日天下方画一驾三凤宝车，车上有两力士，一前一后。其中前者一手持人面盾牌，一手向上高高扬起，后者则抬起双臂做托举状。右上角画的是乘坐天鹅车的月天，画面已严重残毁，仅能看出月天头戴宝冠坐于车内，双手交叉于胸前。月天的车轮下方绘有一架三狮宝车，车上有两位武士，后面一人高举双手做托举状，前面一人执盾向前。

西壁左下角还画有一外道尼乾子，裸体围裙、椎髻浓髯，举鸟做观察状。他是敦煌壁画中常见的外道形象之一，玄奘的《大唐西域记》及其弟子普光的《俱舍论记》中对其均有详细描述。在敦煌早期石窟中，他常与持骷髅的鹿头梵志相对出现在佛座两侧，与高大端庄的佛像形成了鲜明的对比。据《大智度论》记载，他主张杀牲祀天，这与佛教戒律相违，故在佛龛里绘此外道以诫信徒。

其实，这些绘画内容最初并非都是佛教题材，如湿婆、毗湿奴、梵天。他们原本是印度教的主神，后被佛教吸收，继而成为佛教护法神，而日天、月天的来源更是可以追溯到遥远的地中海。然而，罕见的外道题材大量充斥在石窟的角落，却并非无源之水，无本之木。我们知道，佛教的产生绝非仅凭想象和肆意捏造，它借鉴了印度传统的婆罗门教、耆那教等众多宗教的主题及元素，并在此基础上汲取了希腊、波斯等外来雕刻艺术的特点，最终脱颖而出。所以，它的产生本身就拥有着多样性、兼容性的特征。

随着佛教的东传，印度、希腊等外来艺术来到敦煌，并与中国的传统文化相结合，形成了独具特色的敦煌石窟艺术。画面中，鸠摩罗天的发式就与东晋画家顾恺之《女史箴图》上的儿童造型较为相似，线描、晕染极具汉民族特点，这也从一个侧面印证了季羡林先生所说的，四大文明汇流的地方只有一处，那就是中国的敦煌和新疆地区。但事实上，艺术的传递却并非就此止步。公元 6 世纪中叶，佛教跨越无垠东海传向日本，并与日本本土文化融合，成就了今天的日本佛教艺术。

北周

慈怀悯众，
悲心入骨

——长卷式《萨埵太子本生》

在佛教最初的创立时期，
佛教为了争取信众弘扬佛法，
借用当时流传的民间故事编撰了佛前世修行的本生故事。
佛的形象往往是通过佛"本生"故事画和"佛传"故事画来进行表现，
《萨埵太子本生》是其中著名的本生故事之一。

莫高窟第 428 窟　萨埵太子本生

　　在佛教最初的创立时期，佛教为了争取信众弘扬佛法，借用当时流传的民间故事编撰了佛前世修行的本生故事。佛的形象往往是通过佛"本生"故事画和"佛传"故事画来进行表现，《萨埵太子本生》是其中著名的本生故事之一。

　　萨埵太子为印度宝典国国王的第三个王子，一日与两位王兄结伴出游，在林中偶遇因刚产完幼虎饥肠辘辘奄奄一息的母虎，七只幼虎围绕在母虎身旁。这一幕恰巧被萨埵看到，便发怜悯之心欲救老虎，所以选择投身崖下，以身饲虎，众人为寄托思念之情便为萨埵起塔供养。

敦煌莫高窟的萨埵太子本生故事画共有 16 幅，其中又以莫高窟第 254 窟和第 428 窟中的两幅最为著名。

位于莫高窟北周第 428 窟主室东壁门南的《萨埵太子本生》总共分成上、中、下三层，故事内容按照"S"形的构图形式展开，每一段的故事情节一字排开，使得整个故事情节层次清晰展现，画面井然有序，这种形式的构图方式在莫高窟是首次出现。

画面从南端开始依次为：三太子告别父母、进山狩猎、射靶练习、发现饿虎、萨埵横卧虎前、萨埵刺颈出血、投崖而下、母虎及幼虎饮血后啃食萨埵身体、二兄返回仅见尸骨残骸、驰马回、告知父王、起塔供养。

告别父母

进山狩猎

投崖饲虎

射靶练习

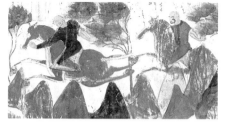

回宫报信

发现饿虎

禀告父王

横卧虎前

起塔供养

画面采用的长卷式构图中，用群山巧妙地将每个故事情节分开，脉络清晰，一目了然，同时又极富装饰趣味，"S"形的构图不仅丰富了画面容量，同时也便于突出细节。从观者角度而言，由上至下阅读故事，不需来回移位便可感受每个情节。画中人物形象具有"面短而艳"、体魄健壮等特点，背景多采用山岳的造型，既概括又洗练，山形大小不受逼真自然和透视法则的局限，整幅画面显得完整协调，且富有真实感。

把万千世界穿在身上

——卢舍那法界人中像

佛教作为世界三大宗教之一，

因为历史的发展和自身传教的需要，

它的造像种类不仅浩如空中繁星，

而且数量也多如恒河之沙，

所以在历史上佛教又被称为"像教"。

在众多佛像种类中有一类，似像非像，表达了佛教中有像无相的境界，

这就是我们今天介绍的法界人中像——卢舍那佛像。

佛教作为世界三大宗教之一，因为历史的发展和自身传教的需要，它的造像种类不仅浩如空中繁星，而且数量也多如恒河之沙，所以在历史上佛教又被称为"像教"。在众多佛像种类中有一类，似像非像，表达了佛教中有像无相的境界，这就是我们今大介绍的法界人中像——卢舍那佛像。

　　卢舍那意为光明普照，卢舍那佛是佛教认为的创始人释迦牟尼永恒不灭的法身像，法身就是佛教中代表着绝对真理的化身。

　　佛教认为人们会因各自的善恶不同而分别坠入六道中的不同轮回世界，特别是那些欺人诈物、谋害他人的人是必定要下地狱的，所以表现地狱、饿鬼、畜生的下三道出现了刀锋遍地，狱鬼出没，赤身裸体的人们在气氛阴森恐怖的刀山火海中狂奔嚎叫的画面。

莫高窟第 428 窟
卢舍那佛

　　这种地狱与天堂相对的概念是几乎所有宗教所共有的、最为普遍的观念。这种在人体上用图画显示法界的佛像也是依据佛教"佛陀即法界"的思想，用拟人化的手法创造出来的一种特殊形象。这一可观、可想的佛教图像的构图源泉是佛教经典《华严经》，因为在这本佛经中写道"无尽平等妙法界，悉皆充满如来身"，所以卢舍那佛也是华严宗所尊奉的主尊佛，这位佛包容了我们能想到和想不到的三界六道、万事万物，这一经典的佛教思想和构图形式随即成为代表佛教最高智慧的不朽之作。

在佛教造像或者壁画中，有一类形象常用其身上的袈裟刻画或描绘三界六道，即欲界、色界、无色界和天道、人道、阿修罗道、地狱道、饿鬼道、畜生道，佛教把这一类形象称之为法界人中像。

这身卢舍那佛像以说法图形式出现，主尊佛像头顶有华盖，两边有相对飞舞的飞天和听法的菩萨。佛像头部后面有佛光，身着土红色袈裟，袈裟长而裹体，所以左手提起拖地的袈裟一角，右手竖掌做出了佛教中的施无畏印，意思是拔出众生痛苦。最重要的六道图从佛像的肩膀开始从上而下依次画到了袈裟下摆的最底端，整个画面底色为蓝色，与背景的土红色和袈裟的色彩形成了冷暖色的鲜明对比。

画面中首先表现的是最高境界的天道，而且绘制在了佛像身体所能表现的最高位置肩膀两边。在表示天道的画面中有盘腿而坐的佛和翩翩起舞的飞天，形成了气象庄严的天国境界。

其次在佛像法衣的胸部中央画出了代表佛教认为的世界的中心，上大下小的须弥山，山顶还绘制出五座宫殿，宫殿内各坐一人，最主要的是在须弥山前画有一位半裸上身，穿着红色短裤，两只手臂往上托举，一只手托着太阳、一只手托着月亮的人物形象，这就是佛教中著名的阿修罗，所以这一组画面代表着六道中的阿修罗道。在法衣的袖子部分和腹部画出了犬牙形状的山峦，山与山之间还有许多房舍、人物，这些人物有的坐在房屋里，有的站立在房屋外面，还有在山间树林里修行，也有相互拥抱、奏乐跳舞以及辛苦地在田间劳作耕地的生活百态，这就是代表了我们有情众生、丰富多彩的人道。

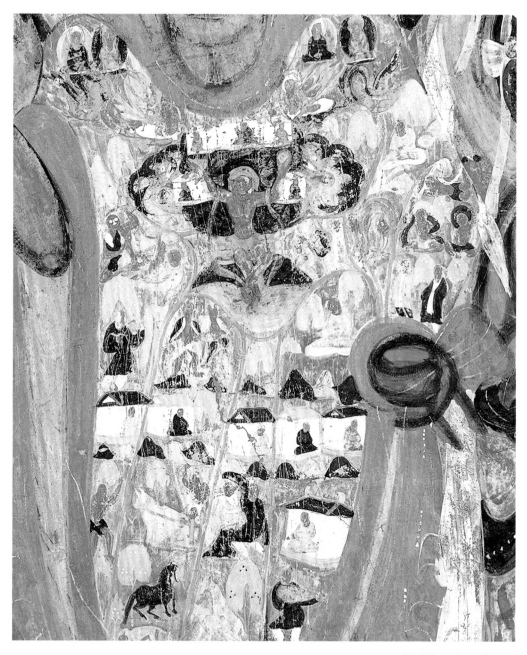

莫高窟第 428 窟　六道　局部

顺着法衣的衣裙下摆处我们还可以看到画有刀山，山上有六个人。全身似乎裸体、举手拔足，好像在痛苦地挣扎哭叫，这里的裸体人物表示饿鬼道，刀山则表示地狱道。画面中下方穿插的各种动物则代表着畜生道。

这种充满着想象与现实、天上与地狱的画面，让人看后即有修行至天道又恐坠入地狱的担忧，五味杂陈的精彩画面正是佛教所宣讲的业报轮回思想的具象化表现。这一传承了千余年的法像，其实早在中国佛教历史文献中具有代表性的《梁高僧传》和《洛阳伽蓝记》中就有记载，但由于缺少具体记述，所以人中像究竟是一种什么样的佛像，怎么样的形态，一直不为人们所得知。这幅卢舍那佛像作为敦煌莫高窟壁画中为数不多的几幅中最早、最好的一幅，也为我们揭开了卢舍那法界人中像高深莫测的神秘面纱。

一砖一木一塔

——敦煌壁画中的宝塔

《阿育王经》卷一载，佛陀灭度百年后，

阿育王搜集佛舍利，建八万四千塔供养。

如此一来，塔这一形式，便真正地登上了历史舞台。

《阿育王经》卷一载,佛陀灭度百年后,阿育王搜集佛舍利,建八万四千塔供养。如此一来,塔这一形式,便真正地登上了历史舞台。

印度保存了很多塔,较为独特的就是菩提伽耶的大觉塔。此塔的修建年代约为公元 2 世纪,这座塔的造型区别于印度传统意义上的塔(窣堵波)。它是由五塔组成,中部为一座大塔,四角处各建一座小塔,如此的五塔形式被称为金刚宝座塔。

而这一名称的由来,则是释迦牟尼成道的金刚座,喻其坚不可摧、岿然不动之意,所以在其成道之地所建之塔,也就相应地得了此名。虽然此塔在公元 12、13 世纪被缅甸王重新修建,并非原貌了,但是在巴尔胡特塔的栏楯上,却雕刻有信众朝拜此塔的情景。

菩提伽耶作为佛陀的成道之地,也成为佛教的圣地。古往今来,无数的朝拜者络绎不绝,在《大唐西域记》中,对此地、此塔皆作详细描述,在《法苑珠林》中则记载,唐贞观时的黄水县令王玄策曾在塔西立碑。

莫高窟第 428 窟
金刚宝座塔

塔这一建筑形式,也在佛教传入中国之初,便立即进入了人们的视野之中。而金刚宝座塔这一塔形建筑实体,在中国漫长的佛教发展历程中,当然也留下了它的身影,如明代万历年间北京的真觉寺金刚宝座塔,即为其中的翘楚。

那么在莫高窟近千余年的石窟壁画中，就没有留下任何关于金刚宝座塔的痕迹吗？带着这样的疑问，让我们一起走进莫高窟北周第 428 窟中，看看在中心塔柱后方墙壁上，那近一平方米的画作吧。

这幅画构图简洁明朗，中部为五座组合塔，塔身两侧为四天王，身着铠甲，肩披飘带，塔刹两侧为两身相向而飞的飞天。虽然画面部分色彩已经氧化变色，但是中心白色为底的佛塔却分外清晰。

中部塔身分为四层之多，其中有表现佛祖释迦牟尼"腋下诞生"的场景、一佛二菩萨说法的场景以及四力士和金翅鸟等画面。四隅的四座小塔和中部大塔一般，都保存有七重相轮、仰月宝珠等。

莫高窟第 428 窟 释迦牟尼"腋下诞生"

最为吸引人的就是，这座宝塔既有砖石结构的塔基和塔身，还出现了楼阁式的木质构件，以及覆钵受花、仰月宝珠等带有明显域外特色的元素，无不说明北朝时期的佛塔形式，充满了兼收并蓄的探索性。

这幅画中的五塔组合形式，被专家称为金刚宝座塔。尽管这样的命名还有很多的不确定性，但是它恰巧代表了在北朝时期，人们对于外来事物的欣赏之情。恐怕也正是因为这些外来的文化，北朝时期的佛教艺术才得以尽情地绽放。

因材施艺，因地制宜

第二十九讲

—— 脱壁而出的影塑

佛教起源于印度，

随着它的广泛传播，以不同材质和技法表现的佛或者与佛教有关的众多形象层出不穷，

这其中因材施艺、因地制宜的代表就有脱壁而出的影塑。

影塑是彩塑的一种制作方法，它需要用泥土、细砂和麦秸做材料，

用泥范翻制，表面经过处理，然后敷彩。

通常背面粘贴在墙面上，正面作凸起于壁面较高的浮雕，主要用以衬托主尊造像圆塑。

佛教起源于印度，随着它的广泛传播，以不同材质和技法表现的佛或者与佛教有关的众多形象层出不穷，这其中因材施艺、因地制宜的代表就有脱壁而出的影塑。影塑是彩塑的一种制作方法，它需要用泥土、细砂和麦秸做材料，用泥范翻制，表面经过处理，然后敷彩。通常背面粘贴在墙面上，正面作凸起于壁面较高的浮雕，主要用以衬托主尊造像圆塑。

影塑作为传统彩塑的表现形式之一，有着不同于彩塑中圆塑和高浮塑等造型的特点。

首先，从制作材料上来讲，圆塑或者高浮塑因为比影塑的体量更大，所以必须用木头为造像人物充当支撑骨架，之后还需要用麻草或者芦苇捆扎泥草塑造。但影塑因为体量小所以不需要大的木质骨架来支撑，只需要用非常轻便的麦秸黏合泥土充当人物的骨架。

其次，圆塑、高浮塑都是需要经历捏、塑、贴、压、削、刻和点、染、刷、涂、描、绘，完成造像人物的塑容绘质，但影塑则是使用事先制作好的模具（也叫泥范）直接翻制就好，之后只需要简单地处理一下表面，然后赋彩就大功告成。

最后，影塑的表现方式也与圆塑大有不同，圆塑和高浮塑大多是放置在佛龛内或者佛坛上，让人们能够一目了然、品味其中。影塑就如同它的名称一般，是像影子一样和壁画融为一体，因为它通常都会将背面粘贴在墙壁上，正面凸起的部分脱壁而出让人感觉到凹凸有致、变化多样，赏心悦目。

根据《敦煌莫高窟内容总录》可以得知，莫高窟目前保存下来的彩塑数量为3098身，其中影塑的数量达到了1385身，它们的制作年代最早可以追溯到北魏时期，最晚延续到了唐代，这些保存有影塑的洞窟大约保存了20余个。早期北朝、隋代的影塑一般都粘贴在洞窟的中心塔柱或者四面墙壁上，内容有佛、菩萨、供养菩萨、千佛、飞天、化生、莲花等。唐代随着洞窟主尊造像技艺日臻成熟和普遍流行，影塑慢慢地退出了历史舞台，只在一些洞窟的小型说法图或小型佛龛内有简单的粘贴表现，但唐代的影塑内容又进一步扩展，模制的璎珞、串珠和宝冠上的花饰等饰件在大量圆塑上出现，继续焕发出它的独特魅力。这些洞窟中保存了影塑最多的是北周第428窟，数量多达962身。

莫高窟北周第428窟　影塑群塑

这些影塑的题材也是非常丰富，不仅有佛、菩萨、供养菩萨、千佛、飞天等大家习以为常的形象，还有化生和莲花等让人们耳目一新的表现对象。

莫高窟西魏第 432 窟中心塔柱影塑供养菩萨，都穿着通肩袈裟，有的手持莲花，有的虔诚地双手合十、单膝跪地。这些脱壁而出的影塑和绘制完成的忍冬纹、莲花纹交相呼应、相映成趣。

莫高窟西魏第 437 窟中心柱东向龛影塑飞天，头束发髻，面形消瘦，身形修长，褒衣博带，显得飘飘欲仙。有些手持莲花，屈膝裹足飞行，完全表现出了中原的风格。

莫高窟西魏第 248 窟中心塔柱东向龛上方，这些供养菩萨手持莲花或者双手合十，正面单腿跪（也叫胡跪）在圣洁的莲花上。北魏时期中心塔柱四面贴的影塑天人都是这样由两三种阴模翻制而成，再用不同的颜色描绘袈裟或者天衣，从而造成形象各异、满壁风动的效果。

这些立体感强、色彩丰富的影塑粘贴在洞窟的中心塔柱或者四面墙壁，甚至还有一些粘贴在了小型的说法图中，显得格外醒目。它们在洞窟内的出现一方面承托了主尊圆塑，另一方面又增添了洞窟的新气象，成群的影塑有规律的赋彩使得洞窟氛围显得统一和谐、丰富多彩，成为莫高窟彩塑艺术绚烂夺目的一大亮点。

第三十讲

丝路盛景

——第296窟福田经变

敦煌莫高窟现存的45000平方米壁画,
虽然绝大多数都是描绘空幻的"佛国世界",
可是也有少数宗教题材的壁画描写了现实生活,
福田经变就是其中一例。

莫高窟第 296 窟　福田经变全图

　　敦煌莫高窟现存的45000平方米壁画，虽然绝大多数都是描绘空幻的"佛国世界"，可是也有少数宗教题材的壁画描写了现实生活，福田经变就是其中一例。

　　福田是佛教术语，为植福之意，犹如农民"春种一粒粟，秋收万颗子"。佛教说它也有一种"福田"，"种丝发之德本，获无量之福"，或曰"供之得福，进可成佛"。佛教所说的福田，含义颇杂，与本文有密切关系者，乃指"广施"，即广泛施舍。佛教福田思想的重要依据是西晋沙门法立、法炬共译的《佛说诸德福田经》。

　　广施名曰福田，行者得福，即生梵天。
　　　　　　　　　　——《佛说诸德福田经》

　　在这部经中，佛祖释迦牟尼号召"广施七法"，所谓七法就是："一者兴立佛图僧房堂阁；二者园果浴池，树木清凉；三者常施医药疗救众病；四者作牢坚船济度人民；五者安设桥梁过度羸弱；六者近道作井渴乏得饮；七者造作圊厕施便利处。"

莫高窟第 296 窟　兴立佛图

莫高窟第 296 窟　筑绘堂阁

　　敦煌壁画中有两幅福田经变，分布在北周第 296 窟、隋代第 302 窟，其中第 296 窟是最早的经变之一。画面采用上下并列的横卷式构图，由西到东绘制了立佛图、画堂阁、植果园、施清凉、施医药、旷路作井、架设桥梁、道旁立小精舍多个场面。

　　六位赤露上身的工人，正在修建一座两层砖塔。塔上两人砌砖，下面一人和泥，两人送料，中间一人在扬手指挥。下方画面是一座即将完工的佛堂正在装修，庑殿起脊房顶，砖砌台基，门前有阶陛。房屋前后各有穿着袴褶的画工在专注地作画。屋顶上一泥工正接房下另一泥工用长杆递上来的泥料，这是对"兴立佛图僧房堂阁"的表现。

　　画面中有一座果园，围墙环绕，树木葱郁，树下三人正在

莫高窟第 296 窟　植园施凉　　　　　　　　　　　莫高窟第 296 窟　疗救众病

乘凉。这是对"园果浴池，树木清凉"的写照。

画面中有一患重病者由二人扶坐，一人正在给病人喂药，身后有人用药臼捣药。

路旁有一辆卸辕的骆驼车，人畜都在水井边休息，水井东边画了饮骡马和给骆驼喂药的情节。画面下部，两个头戴帕巾的北周商人，并骑押着满载的驼队正在过桥；桥的另一面迎来一个高鼻深目的西方商人，牵着两峰载重骆驼，领着商队。这一段画面简要生动地描绘出一千多年前丝绸之路上的商贸交流情况。

学者研究表示，这种"小精舍"也叫"福德舍"，实为旅

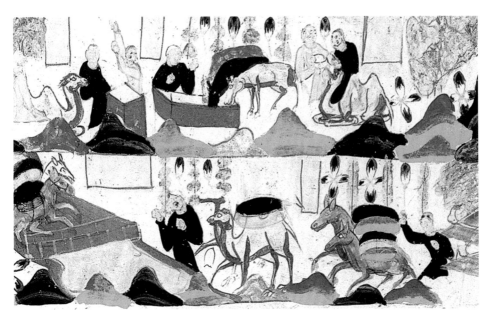

莫高窟第 296 窟　旷路作井，架设桥梁

莫高窟第 296 窟　道旁立精舍

馆，专为安置长途旅客的。画面上一幢楼阁建筑，四面有围墙环绕，屋内有二人饮酒，一人弹奏琵琶，反映了人们在长途旅行中暂居旅舍的安适与愉快。

通过对《佛说诸德福田经》生动详尽地描绘，福田经变把 6 世纪丝绸之路上的生活风貌做了如实的反映。佛教在传教时，总是通过当代生活中的语言来解释现实。福田经变的特别之处在于，它为了佛教特定的目的，用表现社会公益事业的生活形象，引导人们广种福田，多行善事。

藏于故事中的真相

——《微妙比丘尼品》

因缘故事为佛教故事中的一种，

主要讲述佛弟子的前生前世，

它是依据古印度已有的民间神话、寓言故事改编而成。

佛陀在传播佛教教义时，利用这些优美的故事和传说来劝喻世人崇敬佛法、因果报应，

而微妙比丘尼因缘就是这其中一则发人深省的故事。

莫高窟第 296 窟　微妙比丘尼因缘故事　局部

　　因缘故事为佛教故事中的一种，主要讲述佛弟子的前生前世，它是依据古印度已有的民间神话、寓言故事改编而成。佛陀在传播佛教教义时，利用这些优美的故事和传说来劝喻世人崇敬佛法、因果报应，而微妙比丘尼因缘就是这其中一则发人深省的故事。

　　这个故事出自《贤愚经·微妙比丘尼品》，莫高窟现有两幅，存于第 296 窟和第 85 窟内，其中尤以北周时期（557—581）第 296 窟的作品最为完整、生动。

　　第 296 窟的微妙比丘尼因缘故事绘于窟顶西坡北段和北坡西段，整幅作品共 20 个场景，分别表现的是：1. 前世起誓，2. 初次婚配，3. 还家待产，4. 蛇咬丈夫，5. 携子赶路，6. 溺水狼食，7. 父母双亡，8. 栖身旧邻，9. 微妙再婚，10. 新夫醉归，11. 油煎儿子，12. 绝望出逃，13. 墓园邂逅，14. 微妙三婚，15. 依俗殉葬，16. 盗墓还阳，17. 改嫁贼人，18. 贼首伏法，19. 野狼掘墓，20. 佛说业缘。画面分上下两层，以波浪形顺序展开，故事翔实完整，情节曲折感人。画工们以中国汉晋壁画的传统方式来描绘这个古老的印度故事，白粉底的壁面上赭红色线条清晰可寻，青绿色块浓重明快。图中的房屋山石、树木园林都与同时期的墓葬画极为接近，且古画史上记载的"人大于山、水不容泛"的绘画技法也在这幅壁画上多有体现。

值得注意的是，壁画上的人物服饰均为中国 6 世纪时期的装束，男人多为鲜卑式的裤褶，妇女则是上襦下裙的汉装，唯有好心收留微妙的老者穿的是古印度服装。这些中印民族服饰并存的例子，早在莫高窟北魏时代的故事画中就已经出现，说明当时的敦煌画工们既想表现经典的天竺特征，又要使佛陀的训诫嫁接在汉晋文化为基础的敦煌信徒身上，为此他们运用卓越的艺术构思，把中印两国民族的形象共同呈现在了敦煌壁画之上。

佛教因缘故事中的主人公大多为国王、太子、长者、高僧、婆罗门等上层人士，唯独微妙比丘尼的故事描绘了一个不幸的女人在奴隶制社会中经历的悲惨一生。当时的社会给了她那么多不公平的待遇和非人道的折磨，但最终却全部归结为自身的业报轮回。而事实却并非如此，如同日本动漫人物柯南的那句名言"真相只有一个"一样，该品看似宣扬了佛教中因果报应的主题，实则是一位古代印度妇女一生遭遇种种不幸，最后被生活摒弃，走投无路的真实写照。

虽然中印两国在民族、地理、风俗、习惯上存在着诸多不同，但微妙比丘尼故事的主旨却与中国儒家所倡导的忠、孝、节、义思想非常地契合。伴随着佛教的传入，相信微妙比丘尼的遭遇也曾通过这幅壁画赚足了古代敦煌妇女的眼泪。而画面中，微妙最终皈依佛门，获得解脱的情节也不过是后人一厢情愿下所寄予的美好期望罢了。这幅充满感情的文化交流作品能够保留至今，实在是意义非凡，难能可贵。

莫高窟第 296 窟　陪葬入墓

莫高窟第 296 窟　佛说业缘

隋代开窟，
宋代洞窟重修

佛教关于药师信仰起源的资料十分有限，

目前学者们认为大约产生在公元二三世纪的印度西北边境或中亚地区。

药师信仰的内容主要有三个方面：

第一是介绍了药师佛许下十二个大愿要拯救世人脱离苦海；

第二是描绘东方的药师世界的种种美好场景；

第三是宣讲使世人脱离苦海的办法。

——第 220 窟药师经变

救众生之病源，
治无明之痼疾

莫高窟第 220 窟　药师经变

　　佛教关于药师信仰起源的资料十分有限，目前学者们认为大约产生在公元二三世纪的印度西北边境或中亚地区。药师信仰的内容主要有三个方面：第一是介绍了药师佛许下十二个大愿要拯救世人脱离苦海；第二是描绘东方的药师世界的种种美好场景；第三是宣讲使世人脱离苦海的办法。

　　药师佛的全称是"药师琉璃光如来"，所谓药师其实就是我们所说的"医生"，所以有佛经讲"药师者，大医之号；琉璃者，大明之道"。这位佛教中的大医生的形象在敦煌壁画中表现为手托一个钵或者手持一根锡杖（但不是所有拿钵或者锡杖的都是药师佛）。

药师佛所托的钵在相关佛经的记载为"如来左手令执药器"，所谓"药器"就是盛药物的容器。在敦煌壁画中手托药钵的药师佛形象最早保存在隋朝第 302 窟南壁，这幅药师佛肤色有所氧化变黑，但身穿的大红色袈裟以及蓝色头光、绿色华盖都保存完好。佛站立于莲花上，左手托药钵在胸前，整个形象庄严肃穆，画面上部的飞天乘云飞翔，姿态生动，蓝色的飘带和绿色的腰带使得整个人物更显灵动。这幅托钵药师图也是莫高窟隋朝孤本，所以弥足珍贵。

　　另外唐代第 220 窟甬道南壁龛内的药师佛与二弟子、二菩萨组成的说法图直接写出了榜题："南无药师琉璃光佛观自在菩萨眷属神圣神赞普，二为先亡父母"。画面中的药师佛左手托钵，右手作说法印，药钵中还清晰可见画出的药丸图像，从而使得人们更加信服药师佛。

　　手持锡杖的药师佛在《药师经》中没有记载，但关于"锡杖"的记述出现在后汉安世高翻译的《大比丘三千威仪》中。文中说到，锡杖有排除路上动物、年老体弱者倚恃、护身等三个作用。所以锡杖其实就是一种带有环的长杖，因为摇动的时候很多环锡锡作响，所以称之为"锡杖"，梵文的意思是"鸣杖"。莫高窟最早出现执锡杖的药师佛保存在初唐第 322 窟东壁门南。画面中的药师佛身着通肩红色袈裟，右手执锡杖，左手托装饰有纹样的药钵站立在莲花上，表情严肃，气象庄严。两边的菩萨装饰华丽，手中拿有莲花，亭亭玉立的身姿更显慈悲之态。

药师世界的种种美好景象在《药师经》中被大加描绘，"彼佛国土一向清净，无女人形，离诸欲恶，亦无一切恶道苦声。琉璃为地，城阙垣墙门窗堂阁，柱梁斗拱周匝罗网，皆七宝成，如极乐国"。从这段文字中我们得知东方的药师世界如同西方的阿弥陀世界一样，是极乐世界，所以东方药师佛不仅是拯救苦难的救世主，也是净土世界的教主。这些美好景象主要是通过药师经变来表现的，莫高窟保存的药师经变多达96铺，表

莫高窟第220窟　药师佛

现东方药师世界种种美好的场景画面比较有代表性的是初唐第220窟和盛唐第148窟。

面对世间的诸多苦难，人们对如此美好的极乐世界心之向往，于是《药师经》中宣讲了能够往生东方药师净土、让世人脱离苦难的种种办法。其中有树幡、燃灯、放生等，虽然树幡和燃灯是佛教的基本宗教活动，但《药师经》有着更加具体的要求：建造七层灯轮，每层七盏灯；制作五色彩幡，长度要达到七七四十九尺，所以树幡和燃灯成为药师信仰的重要表现和画面的主要特征。

通过以上介绍我们了解了，药师佛一般都是手持药钵或者手执锡杖（也有只作手印的药师佛），药师佛的世界有着琉璃等七宝铺地、亭台楼宇、气象万千的种种美好景象，去往这样的美好世界需要树幡、燃灯、放生等种种供养，这些珍贵的图像都为我们研究药师信仰提供了不可多得的资料。

窟檐是洞窟前依岩建造的洞窟木构外檐，

是防止风沙雨雪损坏洞窟的保护性措施。

莫高窟现存洞窟中，根据石窟外岩壁上遗留的大量梁椽孔洞遗迹推测，

约三百个洞窟均曾建造过木构窟檐。

遗憾的是历经千余年历史变迁的沧桑之后，大多窟前木构建筑已不复存在。

现在保存的晚唐第196窟和宋初第427、444、431、437窟等五座木构窟檐建筑，

都是三开间四柱结构，柱子下面保存有木悬臂梁挑出形成的栈道，

这样不仅解决了古代上下洞窟间的交通问题，

同时也极大地丰富了石窟的外观景色。

凝固的音符

——隋代洞窟外的宋代木构窟檐

莫高窟第 427 窟　宋代窟檐

　　敦煌莫高窟不仅保存有历经千余年的海量的壁画和数千身彩塑，还保存了五座唐宋木结构窟檐建筑，这些都是古代留存至今的宝贵建筑实物资料。

　　窟檐是洞窟前依岩建造的洞窟木构外檐，是防止风沙雨雪损坏洞窟的保护性措施。莫高窟现存洞窟中，根据石窟外岩壁上遗留的大量梁椽孔洞遗迹推测，约三百个洞窟均曾建造过木构窟檐。《大唐陇西李府君修功德碑记》（俗称《大历碑》）记载，唐代莫高窟的外观景象是："构以飞阁，南北霞连""前流长河，波映重阁"，蔚为壮观。遗憾的是历经千余年历史变迁的沧桑之后，大多窟前木构建筑已不复存在。现在保存的晚唐第196窟和宋初第427、444、431、437窟等五座木构窟檐建筑，都是三开间四柱结构，柱子下面保存有木悬臂梁挑出形成的栈道，这样不仅解决了古代上下洞窟间的交通问题，同时也极大地丰富了石窟的外观景色。

第 427 窟本来是隋朝开凿的洞窟，到了宋代经过了较大规模地维修，并重建了窟檐，在窟檐大梁的承椽枋下还保存着当时的题记："维大宋乾德八年岁次庚午正月癸卯朔二十六日戊辰，敕推诚奉国保塞功臣归义军节度使特进检校太师兼中书令西平王曹元忠之世创建此窟檐纪。"由此，我们知道这座窟檐建于公元 970 年。但北宋的乾德年号只有六年，970 年已经是开宝三年了。看来当时由中原到敦煌，交通不便，信息不通，中原已经换了年号，敦煌并没有及时更改年号。

曹元忠 945—974 年担任归义军节度使，历经后晋、后汉、后周、北宋四朝，在此期间曹元忠在莫高窟重修了很多洞窟，并新建了一批洞窟。第 427 窟窟檐是保存最完好的宋代木构建筑之一，也是莫高窟现存宋代窟檐中最大的一座。窟檐斗拱为六铺作，向外挑出三层华栱，斗拱尺度大，前伸较远。屋檐平直，屋角也不像内地宫殿建筑那样往上翘，自有一种古朴大方之美。窟檐为三开间，中央门上开一小明窗，门两侧各有一窗。立柱与横枋间的空隙处绘有佛像和伎乐形象。

窟檐彩绘整体呈暖色调，发展到明清时期，转为冷色调的青绿彩绘。这里有意思的是右边的两柱间，在第二层有一道拱是画在木枋上的，但画工们只画出左边两间的四个拱，有两个被遗忘而没有画，上面的小斗被安置在相应的位置。这个窟檐彩画用了三条"七朱八白"的彩画形式，是《营造法式》中彩画的一种方法之一，用于对横长构件的粉饰。具体做法是将横长构件的宽度分成或五、或六、或七等份，取中间的一份刷白，然后按构件长度均匀地分成八等份，每份之间用朱阑分断七隔，两头近柱处不用朱阑，这就形成了"七朱八白"红白相间的图案。但这里却没有严格按照官方颁布的法式规定，可能是因为敦煌偏僻，也可能是因为修建窟檐并没有按照建筑等级来做，所以有很多随意之处。

在窟檐下的几层木枋上，分别绘制了不同的图案。这里第一层斗拱上的木枋用一个整的团花和破分为两半的菱形花装饰，使得整个木构丰富多彩。

莫高窟第 427 窟　斗拱

第 427 窟保存的斗拱也是非常珍贵的木构构件。"斗拱"是中国古建筑中的一个创举，它是由方形如斗状的木垫块和弓形的短木"拱"组合后的总称。在中国古代木构建筑中位于屋身与屋顶之间，它们逐层纵横交错叠加，形成上大下小的承重托架，支撑起宽大厚重的屋顶，这就是中国传统木构架体系建筑中独特的支撑结构。

中国传统建筑中，斗拱是最受重视的部分，在古代记录建筑工程的典籍中，对斗拱的制作记述都十分详尽。在实际建造中，斗拱技艺的运用，直接关系到整座建筑的稳定性和外观。斗拱的运用也是我国古代匠师们在长期的建筑实践中的智慧结晶。它经过了长期的发展演变，由简单向繁复发展，由不稳定向稳定发展，由单纯的支撑作用向支撑与装饰结合的复杂功能发展。此外，斗拱还是封建礼制的重要体现，等级森严，也是建筑尺度的标准。因此斗拱也成为衡量中国历史建筑的一把尺子。

佛教中的四大天王是护佑佛法、保护众生的四位天神，

他们分别是东方持国天王、南方增长天王、西方广目天王和北方多闻天王。

人们一般称他们为"护世四天王"或者"四大金刚"。

根据佛教经典记述，四大天王护持在须弥山山腰上的四座山峰上，

威震三界，护持四方。

现实生活中佛教寺院也将他们的神像分列在专门的佛殿中，

一般将供奉四大天王的殿宇称之为天王殿。

威震三界，护持十方

—— 第 427 窟四大天王塑像

佛教中的四大天王是护佑佛法、保护众生的四位天神，他们分别是东方持国天王、南方增长天王、西方广目天王和北方多闻天王。人们一般称他们为"护世四天王"或者"四大金刚"。根据佛教经典记述，四大天王护持在须弥山山腰上的四座山峰上，威震三界，护持四方。现实生活中佛教寺院也将他们的神像分列在专门的佛殿中，一般将供奉四大天王的殿宇称之为天王殿。

莫高窟作为现存最大规模的佛教石窟寺，现存的 2400 余身塑像中保存有 80 余身天王彩塑，这其中隋朝第 427 窟保存了十分珍贵的隋朝塑造、宋代重绘的四大天王塑像。这些彩塑位于洞窟前室，与宋代木构窟檐共同组成了石窟建筑中"天王殿"的结构。天王身形高大、怒目圆睁、孔武有力，彩绘的铠甲和战袍更使得天王威风凛凛，与此同时，天王脚下踩的恶鬼则显得身材短小、形象丑陋。有的仿佛已经承受不了天王的巨大压力俯伏倒地，有的则龇牙咧嘴奋力顶住天王的重量。面对这些表情怪诞的地鬼，天王表情则显得稳重沉着，面含胜利的笑意，动作豪迈而不失将军的雍容气概，遗憾的是，天王手中的法器已经不复存在。

位于前室南壁的是东方持国天王。"持国"意思为慈悲为怀，保护众生，护持国土。他手中本应该持有的琵琶或阮琴是有两个意思：1. 弦乐器松紧要适中，太紧则易断，太松则声不响，表行中道之法；2. 是主乐神，表明他要用音乐来使众生皈依佛教。

东方持国天王旁边的是南方增长天王。"增长"意为能传令众生，增长善根，护持佛法，故名增长天王。他的手中本应该握有宝剑，象征智慧，慧剑斩烦恼，也是为保护佛法，不受侵犯。

位于前室北壁的是西方广目天王。"广目"的意思就是能以净天眼随时观察世界，护持人民，故名广目天王。他的手上会缠有一条龙或是蛇，表示世间多变，另外也表示是龙神的首领。另一手上拿着宝珠，表内心不变之意。

四大天王中最为著名的是北方的多闻天王，"多闻"的意思是精通佛法，以福、德闻于四方，佛教中的弟子阿难也被称为"多闻第一"。

这位天王一般会左手卧银鼠，右手持宝伞（或作宝幡），意思是伞盖能保护自己的内心不受外面环境污染，用以遮蔽世间，避免魔神危害，以护持人民财富。他还有一个名字叫毗沙门天王，意思是施财天，是古印度的财神。而在中国，传说唐玄宗天宝年间，边关告急，藩邦包围西凉城，当时军队没办法解围，边关形势十分紧急，唐玄宗就请密教（唐密）的祖师不空三藏法师，持诵仁王经咒加持，修降伏法，于是在被困的这个城的北门，天空中就出现了多闻天王，而且在云雾之间，又出现无量神兵，更为奇特的是出现了一批金色的老鼠，把敌人的所有弓箭的弦全部咬断，于是边关捷报凯旋。唐玄宗龙颜大悦下了诏书，令"诸道州府城西北及营寨并设其像"，天下各省在城楼上一定要塑毗沙门天王像。因此，这种信仰从唐代到宋代，成为一种机制。所有的军营里面，一定要建天王堂，天王堂里面供奉的不是四大天王，而是毗沙门天王。明代以后，毗沙门天王的塑像才开始出现一手拿着一把伞，一手拿着塔的形象。后来，民间传说又把他演绎成陈塘关的总兵，叫李靖，即大名鼎鼎托塔李天王，膝下有三子金吒、木吒和哪吒，这就是我们耳熟能详的托塔天王的来龙去脉。

四大天王作为佛教中护法的代表形象，在之后的《西游记》中也被玉皇大帝派去镇守南天门。在《封神演义》中他们又被姜子牙奉太上元始之命，敕封为四大天王之职，辅弼西方教典，立地水火风之相，护国安民，掌风调雨顺之权，他们的存在让佛法得到护持，也让众生得以安身，可谓是"威震三界，护持十方"。

隋代

第420窟是其中塑像保存状况最好的洞窟之一，不但塑像一尊未少，

而且没有后代改动的痕迹，除了有一些细节部分缺损和颜色褪变之外，

大致保存了原来的面貌。尤其是其中的胁侍菩萨，

那吹弹可破犹如瓷器富有光泽的肌肤所呈现的视觉冲击力，

让我们忘却了时间的流逝和岁月的蹉跎，

仿佛世间真的有着一身永葆青春的菩萨。

永葆青春的菩萨

—— 第 420 窟菩萨塑像

敦煌莫高窟在隋代短短的三十八年中留下了近百个石窟，彩塑作为石窟中最具立体呈现的对象则多残破不全，还有不少也因为经历了"再塑金身"的过程，被后代重修或改妆而失去原貌。保存完整的彩塑屈指可数。

莫高窟第 420 窟
胁侍菩萨

第 420 窟是其中塑像保存状况最好的洞窟之一，不但塑像一尊未少，而且没有后代改动的痕迹，除了有一些细节部分缺损和颜色褪变之外，大致保存了原来的面貌。尤其是其中的胁侍菩萨，那吹弹可破犹如瓷器富有光泽的肌肤所呈现的视觉冲击力，让我们忘却了时间的流逝和岁月的蹉跎，仿佛世间真的有着一身永葆青春的菩萨。

菩萨原本是佛教中以慈悲化度众生的智慧者。与佛教中的佛特有的庄重、威严让我们觉得有一定的空间距离，甚至是一种神与人之间的距离感比较起来，菩萨则让我们觉得像是我们的亲人而格外亲近。这是因为菩萨在中国被赋予了一种女性的慈悲和母亲的关怀。佛教徒修行到菩萨戒时，已达到很高境界，一种无欲无色的境界。所以，通常敦煌石窟里的菩萨嘴上都画有胡须，意在表示菩萨非女性，然而在形象塑造上又赋予其女性的形体，身着女性的服装，这就是过渡期的"男身女相"。

莫高窟第 420 窟　菩萨　局部　　　　　　　　莫高窟第 420 窟　菩萨　局部

　　这身菩萨表情文静，面部光洁如玉，眉棱显露，上半身裸体，颈佩璎珞，臂饰手镯、臂钏，下穿锦裙，天衣自然环绕于两臂与身体之间。头部与头光相连，脱离壁面而略前倾，头虽稍大，却与身躯约呈 1:5 的比例。但已与常人相去不远，下身稍短，但已比隋初略长，体态匀称。身躯的轮廓和肩部呈现出自然的衔接，胸部宽厚，腰部收束，小腹微向前突，胯部又略宽，双脚打直并拢，裙摆紧贴肌肤，衣薄贴体，衣纹简洁，璎珞细致等特点，显示了对于表现身体曲线起伏的大胆成功的探索。菩萨的面形，亦是圆中见方，上大下小，额宽而不甚高，脸部正、侧面间转折略带角度。菩萨面部五官颇为集中，特别注意轮廓线的处理，眉棱、鼻棱、颐棱转折突出，线条刚劲，但匀称的身体，肩宽腰细的巧妙搭配，不仅无过分生硬之感，还给人以健康饱满朝气蓬勃的精神。面部光泽如新，经历了1400年的岁月，她脸上的颜色仍无丝毫褪色、变色，这在莫高窟所有洞窟中都是罕见的，所以有人称它为莫高窟"永葆青春的菩萨"，确为名至实归。

另外，位于外层龛的两身菩萨，下身穿锦裙，锦裙上有连珠纹，在连珠纹构成的圆环形中又有狩猎纹图案，这种狩猎连珠纹图案具有波斯艺术风格。它的出现，与隋朝经营河西，打通丝绸之路，中西文化交流的进一步发展有密切的关系。

史书记载，隋炀帝曾亲临张掖，参加二十七国交易会，丝绸是当时主要的商货。据《隋书·何稠传》记载，波斯国曾献给隋炀帝一件波斯锦袍。隋炀帝命何稠仿造，"稠锦即成，逾所献者"。由于宫廷的喜好与提倡，波斯锦流行于河西走廊和西域。在高昌古墓中曾出土大量凌锦，其中就有这种圆环连珠纹的波斯锦。菩萨裙上的环形连珠纹颜色虽已变为棕黑，但保存得相当完整，甚至可辨识出有环形连珠翼马纹和环形连珠狩猎纹两种。环形连珠翼马纹中，是在环形连珠纹中画出后肢向后翻腾的有翼天马，而根据学者研究，这种天马的样式与波斯和中亚传统有密切关系。

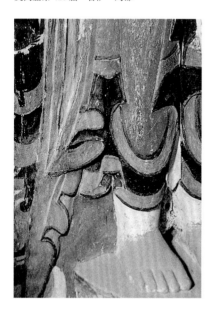

莫高窟第420窟　菩萨　局部

至于环形连珠狩猎纹，则是在连珠环中画一胡服骑士骑在大象上，大象后有猛兽扑来，骑士拿棒回身与兽相斗，类似图案常见于波斯萨珊朝四世纪以来的金银盘上，贵族装扮的人物骑马捕兽，有学者称为"帝王狩猎图"，虽然这种"帝王狩猎图"未见以骑象形式表现，但在波斯本有"乘象而战"的传统，因此第420窟连珠环中出现狩猎纹，应与波斯的"帝王狩猎图"有关。

这些千年前冰冷的泥塑因为岁月的沉淀而让我们更觉得有了历史的温存，这身岁月流逝容貌未改的菩萨所焕发出的神采奕奕让我们相信生命如歌，青春永存。

壁画中的情节，

折射出当时在丝绸之路上这些商客生活的日常。

他们灵动而鲜活地出现在历史画卷中，

让岁月的涟漪不断荡开，

同样也正是他们的存在，让我们看到了丝绸之路的繁荣，

也让我们感受了丝绸之路上的艰辛。

丝路商韵

——《胡商遇盗图》

　　1907 年英籍匈牙利人斯坦因，在甘肃敦煌玉门关一带的长城烽燧遗址中，发现了一组珍贵信札（现藏于大英博物馆），它们被放在一个邮包中，可能是在运送途中丢失的一部分。

　　这些信札被称为粟特的"古信札"，大约写成的时间为公元 313 年，记录了粟特商人们独特的生活和行为方式。除了一封是被商人丈夫抛弃在敦煌的妇女所寄以外，其他的信件则通通是记录了在中国进行商业活动的种种，包括所经营的金、银、麝香、胡椒、小麦和一些织物的情况，更多的是关于当时经商路线中几处重镇的商业情况的阐释。

　　在丝绸之路上，这些商人到底是如何往来经商的，他们都经历了什么艰难困苦，通过这些神秘信札，让我们再次把视线聚焦于敦煌的隋代壁画之上。

莫高窟第420窟　胡商遇盗图

这幅壁画的故事情节线索清晰，构图采用连环画的形式，从右向左依次展开，虽然壁画底色略有变色，但是故事脉络线条突出，让人一目了然。故事讲述一行商客在出行前整备行装、寺中祈福，以求一路平安顺遂。不想山势险峻，崎岖难行，骆驼、毛驴偶有坠崖，让人心生惊惧。尽管如此他们再次修整出发，不想山中强盗来袭，奋力抵抗却无能为力，哀痛之际，纷纷诵念观世音菩萨的名号，强盗悔改，放下匪心，这一行商客竟得解救。

这幅壁画出自隋代第420窟窟顶《法华经变》中东坡所绘制的《观世音菩萨普门品》中的"怨贼难"的情节。画工极具生活化地表现了骆驼坠崖后，商队中的毛驴受惊，双耳高束状态，以及商队修整时，山旁脚夫扶额放哨的形象。

莫高窟第 420 窟　胡商遇盗图　局部

　　图中山峦采用自由豪放的笔法，用大笔刷涂，粗犷的笔触清晰可见，商队中的骆驼则带有简笔趣味，仅以寥寥数笔便跃然于壁上。画面可谓极尽华丽精致之能事，这样的画风不见于莫高窟的北朝洞窟，却与画史所载隋代中原画家展子虔等"细密精致而臻丽"之画风相符，而据画史记载，法华经变图的创作正始于隋代展子虔。

壁画中的情节，折射出当时在丝绸之路上这些商客生活的日常。他们灵动而鲜活地出现在历史画卷中，让岁月的涟漪不断荡开，同样也正是他们的存在，让我们看到了丝绸之路的繁荣，也让我们感受了丝绸之路上的艰辛。

朴素、无畏、虔诚，正是这些商客的代名词，在他们的脚下，勾描的正是历史进程的蓝图。丝绸之路是一条无形且有形的纽带，连接着中西两个地域，也连接着中西不同文化，正是这些往来于此的商客，才铸就了丝绸之路不朽的神话。

佛陀一生有过很多弟子，分为比丘、比丘尼、优婆塞、优婆夷等几类，
《法华经》中称其为"四部众"。
这些人不同于佛教中的其他人物，他们中的大多数都真实存在过，
像民间信仰较广的"十六罗汉""十八罗汉"等佛教题材即属其中的一部分。

追寻佛陀
足迹的人

——迦叶、阿难像

莫高窟第 419 窟
西壁龛内群塑

佛陀一生有过很多弟子，分为比丘、比丘尼、优婆塞、优婆夷等几类，《法华经》中称其为"四部众"。这些人不同于佛教中的其他人物，他们中的大多数都真实存在过，像民间信仰较广的"十六罗汉""十八罗汉"等佛教题材即属其中的一部分。史料记载，释迦在菩提伽耶悟道成佛后，于鹿野苑为追随自己的憍陈如等五位侍从讲经说法，史称"初转法轮"，事件中聆听佛法的五位侍从可谓佛教中最早的弟子了。但事实上，佛教中最有名的还要数佛陀的"十大弟子"，迦叶和阿难即属其中的二位。

莫高窟第 419 窟中，保存有一组精美的隋朝（581—618）彩塑，由于其造型和色彩均未经过后代重修，堪称同时期作品中的典范。隋朝的塑像相较前代，内容上变得更加丰富，菩萨的数量进一步增多，弟子像的个性也更加鲜明。布局上一改北朝时塑像置于龛外两侧的表现方式，而将弟子、菩萨像均挪入了龛内，为迎合这一变化，隋朝还特意创造了能够适应这一时期龛形结构的双层龛。

主尊释迦的左侧蛊立着迦叶像。迦叶，全称"摩诃迦叶"，意为饮光。他居释迦十大弟子之首，因清心寡欲，苦修头陀，故称"头陀第一"。敦煌石窟中现存的迦叶塑像始于北周而终于宋，随着时代的更替和审美需求的变化，其造型也不拘一格，或为枯瘦、乐观的梵僧装束，或为面丰、坚毅的汉僧打扮，浑身散发出豁达的内在气质。

第419窟的迦叶像便是典型的梵僧形象，面形方正，皱纹满布，嘴唇干瘪，牙齿稀疏，鼻翼两侧肌肉松弛，目光犀利，脸颊深陷。他肩披袈裟，足蹬短靴，一手托钵，一手握拳，恭敬地立于释迦身旁。身上的锁骨、肋骨根根分明，夸张的表现手法揭示着人物的内在精神。

莫高窟第419窟
迦叶像

阿难，全称"阿难陀"，有欢喜、喜庆之意。他是释迦的堂弟，因侍佛二十五年，常闻佛法，博学强记，故在弟子中被称作"多闻第一"。由于他与迦叶常以对称之姿分立于释迦两侧，故敦煌石窟中保存的阿难像也是始于北周而止于宋。隋朝的阿难多为头大身小、眼圆嘴细、温顺虔敬、聆听佛法的孩童或少年形象，身上洋溢着聪敏、俊秀的青春气息。

此窟的阿难像眉额舒朗，神态沉静，两眼凝视，似有所思。外服袈裟，内穿系带式僧祇支，脚踩方头履，双手轻捧莲花，似孩童喜得心爱之物一般而倍加呵护。整个形象稚气未脱，与对面的老迦叶从神态上形成了鲜明对比。

莫高窟第 419 窟
阿难像

莫高窟第 419 窟　西壁龛外壁画

　　隋朝石窟从内容到形式上都体现出改革和创新的精神，短短的三十七年间，在敦煌石窟中营造了一大批高质量的彩塑，且手法多样、风格不一，如迦叶像就包含有汉像、胡像、扁头像、切面像等多种造型。可见这一时期的造像艺术正在经历各类佛教人物范式养成和向新民族风格转型的探索阶段，并在敦煌石窟艺术史上扮演着承上启下、继往开来的重要角色。

在印度、缅甸、泰国以及我国新疆、河南等地，

都出现过须达拿本生故事画，

就敦煌莫高窟而言，

上启北周下至北宋，

共有七处绘制，虽历经数百年，仍不失为本生故事中的翘楚。

青绿重彩

——须达拿本生故事画

莫高窟第 419 窟
须达拿本生故事画

在印度、缅甸、泰国以及我国新疆、
河南等地，都出现过须达拿本生故事画，
就敦煌莫高窟而言，上启北周下至北宋，
共有七处绘制，虽历经数百年，仍不失为
本生故事中的翘楚。

　　敦煌石窟中的须达拿本生故事多是根据西秦圣坚译《太子须达拿经》来绘制的，但其中一些故事情节也参考了南传《本生经》。隋代第 419 窟的须达拿本生故事画，则是通过 50 个情节，将须达拿太子广行布施的无私精神淋漓尽致地表现出来。

　　整幅画采用横卷连环画的构图，由并列的三段衔接而成。画面自上段南端开始，至北端转入中段，又至南端转入下段，走向呈"S"形。

故事通过须达拿太子的乐善好施、邻国索象、朝臣非议、太子流放、遍告四方、几近布施等画面，构建了须达拿布施活动的开端。流放途中施马施车、施衣入山、出入化城、与道人语、共同修行等，将布施活动逐步推进。随着婆罗门妻遭调戏、索要奴婢、恰逢猎师、惨遭鞭挞等，故事便发展到了高潮。须达拿布施子女、驱赶二子，婆罗门变卖二子、诸臣盘问、二子归国，国王赏赐婆罗门，其肚胀倒毙而亡，如此便成就了整幅故事的完整圆满结局。

整幅画面采用的依旧是以展子虔、郑法士为代表的"细密精致而臻丽"的绘画手法，用高大的楼阁、院墙、树木和山峦作间隔，人与物之间也较少有空白之处，同时辅以青绿色的主色调，这样既保持了画面的独立性，又使各情节紧密相连。尽管现在所看到的画面多以黑褐色为主，但是画面细腻入微的笔触仍然保存完好，不禁令人感叹。

莫高窟第419窟
庭院深深

画面中那些活灵活现的场景，通过画工娴熟的技法完美展现，让画幅充满张力；而合理安排故事人物的主次顺序，则让故事的层次感更为突出。最精彩的莫过于让人物处于不同环境之中，随着时间的推移、景物的变换，场面自如切换，犹如电影一般，一帧又一帧的镜头呈现。

如果再仔细审视整幅画，就会发现随处可见富有浓郁生活气息的场景。比如，婆罗门骑象、骑马、拉车等，其中还有用桔槔汲水的情节。

莫高窟第 419 窟
施马、施车

　　桔槔，是汲水的工具，以绳悬横木上，一端系水桶，一端系重物，使其交替上下，以节省汲引之力。桔槔就是古人对于杠杆原理的最合理的应用，同时这也是古代科技的一大体现。

　　第419窟的须达拿本生故事画，深刻地阐释了佛教修行"六度"之一的"布施"。在欣赏故事的同时，也让我们由衷感慨，只有尽自己所能，不在乎形式，用智慧、信念、善良，广行布施，才能达到内心平静、无我的圆满。

敦煌石窟作为我国优秀的传统文化遗迹，
其丰富多样的装饰图案艺术亦闻名遐迩。
精美华丽的藻井图案作为石窟艺术中不可或缺的一部分，
有着悠久的历史，更是中式纹样的重要组成。
其中，隋唐时期的"三兔共耳"藻井图案便是敦煌藻井图案纹样创新的典型代表。

循环往复，
三生万物

——『三兔共耳』藻井图案

莫高窟第 407 窟　莲花三兔藻井

敦煌石窟作为我国优秀的传统文化遗迹，其丰富多样的装饰图案艺术亦闻名遐迩。精美华丽的藻井图案作为石窟艺术中不可或缺的一部分，有着悠久的历史，更是中式纹样的重要组成。其中，隋唐时期的"三兔共耳"藻井图案便是敦煌藻井图案纹样创新的典型代表。

三兔藻井图案中绘制有三只呈逆时针旋转奔跑且相互追逐的兔子，三只兔子共用三只耳朵，首尾相接，动感十足。莫高窟共有 17 个洞窟内绘有三兔藻井，且样式无一雷同。

三兔藻井图案最早出现在莫高窟隋代洞窟之中，消失于晚唐，其中以隋代第 407 窟最具代表性。

据专家考证，此图案利用等边三角形相互制约，看上去好像三兔仍各有两耳，随着三兔的奔驰动态，中心圆似乎也运动起来，形成一种永不休止的运动感。以三分圆表现旋转、流动的法则早在新石器时的彩陶上已经成熟运用，战国漆器中的杰作所见甚多，只是以动物形象表现的尚不多见。

莫高窟第 407 窟中的藻井，多被人称为"莲花三兔藻井"。藻井为四方叠涩交接而成，藻井中心有八瓣莲花图案，莲花中心是三只追逐奔跑的兔子，整体画面呈现一兔双耳的艺术效果，造型极为优美。莲花四周画八身飞天，姿态各异。藻井整体显得纹样丰富，生动活泼。

莫高窟第 407 窟　莲花三兔藻井

古人认为，莲荷可以克火，因而将其大量用于宫室建筑装饰。在佛教石窟中，莲花图案是圣洁光明的象征，认为人的灵魂可以从莲花中获得再生，进入西方极乐世界。建筑物顶部饰以平棋或中心方井中都绘有一朵倒悬的大莲花，即所谓的"反植荷蕖"，也正是这一说法的最好佐证。

而月亮本属阴性，主水，又称月为"阴水"，加之"月中有兔"的说法，也有学者认为天上的月便是地上的白兔化身。在《隋书·天文志》中曾记载："月为太阴之精，以之配日，女主之象也"。因此，隋代的敦煌藻井图案中出现的兔子形象也具有月神化身的意义。

据专家考证，兔舍身供养的故事在汉译佛经中也经常出现，是佛本生之一，在佛教中具有神圣的地位，如康僧会译《六度集经》第二十一"兔王本生"，支谦译《菩萨本缘经》第六"兔品"等佛经中就不止一次地神化兔子。

随着隋代社会经济的繁荣、政治的安定，人们对长寿和多子多福的祈盼变得更为强烈，此时人们需要一种理想化的图式寄托，寓意长寿、多子和轮回的三兔图案便成为不二选择，三只往复循环的白兔形象便应运而生。

莫高窟的装饰图案不可谓不多，
自十六国至元朝千余年间，
各种装饰图案争奇斗艳，各领风骚，如卷草纹、云气纹、几何纹等，
这些用于装饰洞窟建筑、佛龛、彩塑以及分割壁画的文化元素，为略显沉闷的
佛教石窟带来了一丝不一样的气息。

亭亭华盖

—— 应时而变的装饰图案

莫高窟的装饰图案不可谓不多,自十六国至元朝千余年间,各种装饰图案争奇斗艳,各领风骚,如卷草纹、云气纹、几何纹等,这些用于装饰洞窟建筑、佛龛、彩塑以及分割壁画的文化元素,为略显沉闷的佛教石窟带来了一丝不一样的气息。

进入隋朝后,由于在用色上汲取了中原敷金彩、重青绿、间朱赭的特点,因而敦煌壁画形成了华丽细腻的表现风格。在装饰图案上,传统的忍冬纹、花鸟纹与新传入的连珠狩猎纹、翼马纹等图案交相辉映,使得这一时期的敦煌艺术具备鲜明的波斯风韵。作为装饰图案重要组成部分的华盖,在隋朝也颇为流行,它常应用在藻井之上,其纹样有莲花、忍冬、火焰、宝珠、飞天等,有的藻井中心甚至还出现了罕见的三兔连环追逐造型。这些来自印度、波斯和中亚的奇禽异兽纹饰,正是中西文化交流的产物,它们极大地丰富了隋朝图案的种类,促进了风格的创新。

华盖图案在莫高窟开凿伊始即已出现,它最初特指置于帝王、贵族头顶或所乘之车上的伞盖,该饰物多由侍从持柄支撑,有象征帝王威仪和障日遮雨的功用。据《古今注·舆服志》记载:"黄帝与蚩尤战于涿鹿之野,有五色云气,金叶玉叶,止于帝上,有花葩之象,故而作华盖也。"《法华玄赞》又云:"西域暑热,人多持盖,以花饰之,名为华盖。"有柄的华盖可分曲、直两种,曲柄由直柄改进而来,持者方便,不易与帝王冠冕触碰,也更显王者之气。

佛教传至中国后，伴随着外来艺术本土化、世俗化的进程，华盖与其他传统文化元素一起走进佛教石窟，并频繁现身于该教诸人物之上。敦煌壁画中的华盖是由顶、围、重饰所组成，由于时代及人、神的身份不同，华盖的大小、繁简及形式也有所变化。这些华盖借助神力或云气悬浮于人物头顶，或以花锦罩围，或以珠玉网结，既增加了佛、菩萨的端庄高贵气质，又彰显出净土世界的瑰丽铅华之色。

莫高窟中所绘华盖数量最多的石窟当数隋朝所建造的第390窟了，此窟四面绕壁一周绘有大量说法图，呈对称式分布，工整有序。南北壁中央画有较大篇幅的善跏坐菩萨说法像，菩萨身后有双树，上有宝盖、飞天。围绕该说法像，壁面上下排列着三层为数众多的跏趺坐佛像，主要由青、绿、灰、黑、红等几种颜色构成，显得简洁明快、朴实淡雅。

整个窟室，除去南北两铺菩萨说法图和东门上方所画的七佛并坐像之外，这种造型相似的坐佛竟多达110余身。值得注意的是，每一身佛的上方均绘有一顶华盖，且仔细对比后会发现，其造型设计花样繁多，色彩搭配流光溢彩，几乎无一雷同，堪称巧夺天工、美妙绝伦。这些华盖无论从构图还是用色上均反映了古代劳动人民丰富的艺术想象力以及对新兴事物的大胆尝试和理解运用。

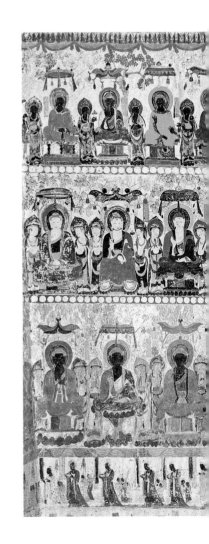

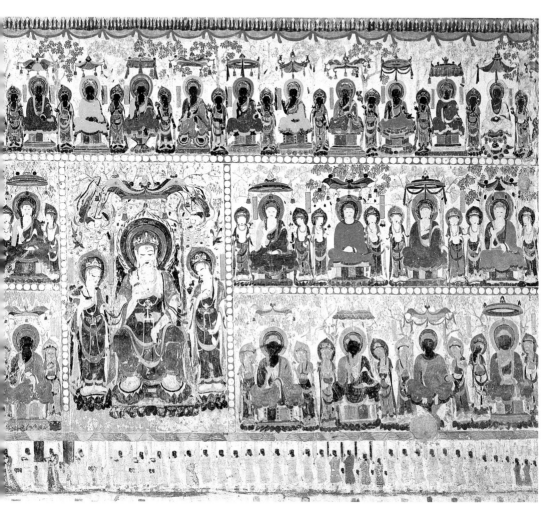

莫高窟第 390 窟　北壁说法图

时至今日，我们依然循着古人的艺术之路勇往直前，这些美丽的装饰图案也已大量应用在了日常生活中，如壁纸、服饰、地毯、丝巾乃至国内知名品牌商标等各个领域，处处可见这些熟悉的敦煌图案。就连人民大会堂，其外立面和宴会厅的装饰图案也是取材于敦煌元素。或许，让这些古代艺术元素中的精粹，重新焕发生机并服务于当下，才是敦煌学百余年来研究的真正目的和美好初衷吧。

佛教的造像题材多种多样，从苦修、禅定、说法、涅槃等单体形式到释迦多宝像、
三佛、七佛等组合样式，皆是根据佛教典籍或教派发展衍化而来。
敦煌地区在北凉石塔上就已出现三佛样式，
在北朝石窟之中更是运用壁画和塑像来诠释这一主题。
在莫高窟隋代第244窟中便首开先河，塑造了以三佛为主的三世佛塑像。

传承中的
格律之美

——莫高窟三佛样式演变史

莫高窟第244窟 全景图

231

佛教的造像题材多种多样，从苦修、禅定、说法、涅槃等单体形式到释迦多宝像、三佛、七佛等组合样式，皆是根据佛教典籍或教派发展衍化而来。

敦煌地区在北凉石塔上就已出现三佛样式，在北朝石窟之中更是运用壁画和塑像来诠释这一主题。在莫高窟隋代第244窟中便首开先河，塑造了以三佛为主的三世佛塑像。三世佛分为竖三世和横三世，以时间先后为基准的是竖三世，即过去佛迦叶佛、现在佛释迦牟尼佛、未来佛弥勒佛；而横三世则为空间上的再现，即东方药师佛、中央释迦牟尼佛、西方阿弥陀佛。

第244窟中贴壁塑造的三世佛，再现了佛教法统传承的竖三世佛。三组造像分别由主尊佛、弟子及菩萨组成，其中未来佛是以菩萨的形象来塑造的。这也源于《观弥勒菩萨上生兜率天经》中的记载，未来佛本为补处菩萨，在现在佛释迦牟尼佛涅槃后的五十六亿七千万年，方转世成佛。

隋代时期的佛、菩萨、弟子等造像，身形高大浑圆，色彩艳丽饱满，衣饰精致古朴，完全展现了成熟大胆的艺术风格。隋代时期也摒弃了北朝佛教造像"梵像西来"的特征，逐渐加入了更多中国传统元素，又由于隋代大力经营西域，其间也不乏一些特殊的中亚织锦纹样，例如：连珠狩猎纹、连珠翼马纹等。

莫高窟第244窟南侧
过去佛及胁侍菩萨像

莫高窟第 244 窟北侧　弥勒菩萨及胁侍菩萨像

此窟造像对于人体比例拿捏有度，也使得隋后期造像为唐代塑像的世俗化打下了坚实基础。在人物衣纹处理上，北朝时贴泥条和阴刻线的手法逐渐被替代，更多的是采用突出衣服织锦纹理的写实方法，让观者可以清晰感受到衣物真实的厚重质感。

　　对于菩萨衣饰的处理较为丰富多彩，彰显着隋代丰厚而奢华的经济脉动。菩萨所配璎珞展现着来自中原的风格，把前代仅仅集中在菩萨上半身的装饰，逐渐延长至全身，在交叠变换的位置加入大佩和绶，使菩萨身形显得更为纤长，造型更为庄重。

　　菩萨锦裙纹饰精彩绝伦，在连绵细密的几何图案组合下，色彩的转换和经纬线肌理的表现，创造出华丽别致的织锦效果。

　　这些独立的几何纹样，如菱形、方形、椭圆形、折线等，不断连续排列，再加之个别细小的几何块面，有规律地相间填充，构成了以几何骨架为主体，"剖方为圆，依圆成曲"的标准格律式构图。

　　在统一与变化、节奏与韵律中，这些格律式的图案组合，映射出隋代造像追求风清骨峻的气质和洒脱飘逸的设计。佛、菩萨、弟子这一尊尊的造像，其秀丽、精细、隽健的线条，华丽而清雅的色彩，让整个隋代充满了精神之美。

初唐

从长安到敦煌、奈良

——『美人窟』里的『美人菩萨』

在莫高窟中段的第57窟南壁中央绘有一幅规模不大的说法图，

主尊佛陀端坐于双狮宝座之上，

左右侍立二弟子、二菩萨，另有二力士守护两侧。

图中人物虽已局部氧化，但构图紧凑、描绘精致，

表现出由隋朝的"细密精致而臻丽"向大唐的富丽灿烂过渡的绘画风格，

不失为初唐时期的代表佳作。

莫高窟第 57 窟
说法图中的菩萨

在莫高窟中段的第 57 窟南壁中央绘有一幅规模不大的说法图，主尊佛陀端坐于双狮宝座之上，左右侍立二弟子、二菩萨，另有二力士守护两侧。图中人物虽已局部氧化，但构图紧凑、描绘精致，表现出由隋朝的"细密精致而臻丽"向大唐的富丽灿烂过渡的绘画风格，不失为初唐时期的代表佳作。

主尊左侧的胁侍菩萨，细眉长目、鼻直唇红，为同一题材中的佼佼者。菩萨身躯略作"S"形站立，头微侧、目俯视，与下方的力士形成呼应。其造型犹如一位唐代美妇，显得婀娜多姿、秀美恬静。菩萨的额、眼睑、两颊均施以淡染红晕，使肌肤又似少女般润泽细嫩。服饰上的各种花纹均勾有白色线条，折射出丝绸织物的华美绮丽。

这身菩萨体现了一种特殊的东方美，它不仅仅迎合了中国的传统审美，也同样适用于亚洲其他各国及地区。如韩国、新加坡等国的观众在欣赏这幅作品时，无不频频点头，拍手叫绝。不光如此，更有甚者，在日本还出现了类似的作品。

在日本古老的城市奈良有一处著名的古刹——法隆寺，它是世界上现存最早的古代木构建筑群。这里不仅保存着完整的日本飞鸟时代（约 593—710）的建筑样式，在这座寺院的金堂之内还存有多幅同时期的壁画。遗憾的是，20 世纪 40 年代末，由于火灾，壁画惨遭破坏（后复原）。而其中的 6 号壁画就与莫高窟第 57 窟的菩萨像极为相似，两处壁画中的人物无论是肌肤的色彩、线条，还是衣纹、璎珞，都如出一辙。显然是初唐时期长安流行的佛画模式，一边被中原画师带到了长安以西 2000 公里的敦煌，而另一边则通过日本的遣唐使被带到了长安以东 2000 公里的奈良。

值得注意的是，莫高窟第57窟的这尊菩萨像与法隆寺的壁画有一点不同，即冠饰、璎珞及臂钏等处并非简单的平面绘成，而是呈立体式的微微隆起于墙壁。在突出墙壁的部分，其表面还贴有金箔，使得整幅作品更显华贵，醒目异常。敦煌壁画以色彩见长，不足之处则以金色饰之，称为敷金。此法分为三类，即贴金、描金和沥粉堆金。较之贴金、描金而言，沥粉堆金更是绝妙，第57窟菩萨身上的装饰即属于这一范畴。

莫高窟第57窟　菩萨

简单地说，沥粉堆金就是在作品主体的粉线、粉点上以贴金的方式予以装饰。据史料记载，敦煌民间在使用传统工艺制作此类作品时，多用牛胶掺和熟石膏，将其搅拌如泥后再装入防潮的皮囊内，出口处接一细管，用时面朝墙壁挤压皮囊，则泥从管出，绘成图案。待粉干透，再涂胶水于粉线之上，之后贴上金箔，即成沥粉堆金。此法与时下庆生之时所食蛋糕上方奶油的制作手法较为接近，又像是日常洗漱时挤牙膏的环节，不可谓不奇妙。

在莫高窟众多的唐代菩萨画像中，这幅作品堪称无与伦比的绝美佳作，因其惊艳的造型至今存世，故被日本著名画家平山郁夫赞誉为"美人菩萨"，第57窟也由于"她"的存在而被世人唤作"美人窟"。

军将胡风

——以唐人胡将为原型的天王像

莫高窟第322窟开建于初唐早期,

佛龛内共塑造了一铺七身造像,

无论是佛、菩萨、弟子,还是佛龛两侧的天王,

都带有着明显的西域胡风。

尤其是天王,身着唐代步兵皮甲,鼻梁高直,眉骨耸立,威风凛凛,

或许这就是现实中唐人胡将的真实写照。

莫高窟第 322 窟 主室西壁　佛龛

　　莫高窟第 322 窟开建于初唐早期，佛龛内共塑造了一铺七身造像，无论是佛、菩萨、弟子，还是佛龛两侧的天王，都带有着明显的西域胡风。尤其是天王，身着唐代步兵皮甲，鼻梁高直，眉骨耸立，威风凛凛，或许这就是现实中唐人胡将的真实写照。

　　唐朝初期西北时局紧张混乱，面对来自西突厥、吐谷浑、高昌的不断侵扰，唐王朝展开了数次大规模的战争。而唐人的这些战役经常用兵精奇，以少胜多，不断取得了非常瞩目的成果。于是在贞观十四年（640），唐王朝就设立了安西都护府，统管安西四镇的军政事务，最远的管辖地域则曾到达葱岭。

　　可又有谁曾想到，一度捍卫国家疆域、维护丝路通畅的都护府，仅有汉军千人。因此，这些军士的构成，就扩大到了启用胡人为士、为将。作为军镇要冲、军备输出的敦煌，同时也是汉人和胡族共同战备、随时准备换防抽调的大基地。这些"宁为百夫长，胜作一书生"的大唐胡、汉勇士们，就被古代工匠生动、真实地塑造在了佛龛之中、壁画之上，让千百年后的我们还能一睹大唐边陲将士的风采。

　　此窟中天王的甲胄，再现了唐时精良的军事装备。据《唐六典》卷十六记载，唐代的铠甲多沿袭前朝，但也有创新，基本分为十三种，其中的明光铠、光要铠、细麟铠、山文铠、乌锤铠和锁子甲都是铁甲，此外也有皮甲和绢布甲等。

天王头戴兜鍪，身着皮甲，身甲前后在双肩上用带连扣，肩覆兽皮披膊，腰垂两片很大的膝裙。其中身甲为几层皮革重叠的样式，这也是在唐代改良后颇具防御性的新皮甲。而甲裙的上方绘有一片一片的方形皮甲，这便是莫高窟塑像独有的绘塑结合的艺术表现手法，通过色彩的深浅和明暗，再现甲片之间的贴合程度。

莫高窟第 322 窟　天王像

皮甲的历史颇为久远，在上古神话时期，蚩尤就创制了记载中最早的皮铠甲，我国也曾出土了春秋战国时期的皮甲实物。古代皮甲轻便、价格低廉，其应用相对较为广泛，在敦煌玉门关一带也曾出土了骆驼皮的铠甲残片，所以很多皮甲也多是因地制宜，就地取材。

这身天王目光坦荡、平和、明快，唇角微翘，胡须也饱含着豁达的情绪。他也许来自西域，却为大唐镇守边关，正是大唐无比宽广壮阔的胸怀，深深地打动了这些异乡人，一切的艰辛、枯燥、寂寞与思念，也无法熄灭涌动在他们心中的拳拳报国之情，最终让他们在大唐找到了心灵归属的家园。

不染红尘泥淖，出世胸怀天下

——游戏人生的维摩诘

王维的字"摩诘"源于佛教典籍《维摩诘经》。

经文记载维摩诘为毗耶离城的一位居士，辩才无碍、善于智度、通达方便。

此人有妻子，常修梵行；游诸四衢，饶益众生；

入治正法，救护一切。

正因如此，文人士大夫便在他这里找到了理想的人生哲学和生活方式。

"行到水穷处，坐看云起时""远看山有色，近听水无声""大漠孤烟直，长河落日圆""劝君更尽一杯酒，西出阳关无故人"，这些佳句皆出自一人之手，即唐代"诗佛"王维（字摩诘）。王维一生跌宕起伏，在经历了丧妻、丧子之痛后，便被其母引导学佛，在他后期作品中也处处映射出许多禅机义理。

王维的字"摩诘"源于佛教典籍《维摩诘经》。经文记载维摩诘为毗耶离城的一位居士，辩才无碍、善于智度、通达方便。此人有妻子，常修梵行；游诸四衢，饶益众生；入治正法，救护一切。正因如此，文人士大夫便在他这里找到了理想的人生哲学和生活方式。

莫高窟第220窟
维摩诘经变之维摩诘像

《维摩诘经》创制于公元1世纪，是印度大乘佛教重要典籍之一。在我国东汉时期就已经出现译本，其后有吴支谦、姚秦鸠摩罗什、唐玄奘等七个译本，其中尤以鸠摩罗什的译本广为流传。

这部佛经主张不离世间生活，从日常生活中发现佛法所在，提倡"入不二法门"，主张世间与出世间、生死与涅槃、有相与无相、有知与无知等一切分别平等不二，由此不二法门，可得无生法忍，远离一切烦恼妄想，进入涅槃境界。

公元364年南京瓦官寺，那位充满智慧的大画家顾恺之，他挥毫而就的白衣维摩诘，从此就走进了中国历史画卷之中。《历代名画记》《益州名画录》《图画见闻志》《宣和画谱》中，记录的展子虔、杨契丹、阎立本、吴道子、卢楞伽、王维、杨惠之、赵公佑、李公麟等所塑造的维摩诘形象多达十余幅。

目前石窟中最早的维摩诘经变出现在甘肃永靖炳灵寺石窟第169窟。莫高窟从隋代到宋代共保存了68铺之多，多在佛龛或窟门两侧对应绘制，抑或是整幅墙壁描绘而出。但画面基本都以文殊菩萨和维摩诘分坐两边，比丘和圣众纷纷来听法为主，其间穿插其余各品内容来构成。

在莫高窟壁画中的维摩诘，总是伴有白纶巾、鹤氅裘和麈尾，这也似乎成了辨别这位居士最明显的标志。在众多维摩诘画作中，第220窟东壁门南侧的这幅绘画，可谓维摩诘像的上乘佳品。

莫高窟第220窟建于初唐贞观十六年（642），此窟中的维摩诘一改南朝顾恺之笔下的"清羸示病之容，隐几忘言之状"，而是一位双目炯炯、踌躇满志的老年智者形象。画工用纯熟且饱满的线条，精致而灵动的笔锋，勾勒出维摩诘那紧蹙的双眉、微张的鼻翼，就连唇畔的胡须都"毛根出肉"清晰可见。这些线条有粗有细、有重有轻、方圆结合、动感十足，让整幅作品一气呵成、气势贯通，让维摩诘势若脱壁，惟妙惟肖。

维摩诘游戏人生，享尽人间富贵，而又精通佛理，即世间而出世间，以世间为出世间，让人们看到了他于红尘中走遍，却甘愿面朝大海，春暖花开。

重见天日的『历代帝王图』

——『帝王听法图』

敦煌莫高窟第220窟原本是初唐修建的洞窟，
宋代又予重绘。
直到1944年，当时的国立敦煌艺术研究所将其表层宋代壁画剥去，
露出了底层初唐壁画，
才揭开了这座洞窟的"庐山真面目"。

莫高窟第 220 窟　维摩诘经变之方便品

　　敦煌莫高窟第 220 窟原本是初唐修建的洞窟，宋代又予重绘。直到 1944 年，当时的国立敦煌艺术研究所将其表层宋代壁画剥去，露出了底层初唐壁画，才揭开了这座洞窟的"庐山真面目"。

　　剥出的壁画中保存有两处唐代"贞观十六年"（642）的墨书题记，这是莫高窟发现的最早的唐代纪年题记。这一题记，为我们准确和全面研究唐代早期艺术提供了可靠的资料。除此之外，洞窟内剥出的初唐壁画保存得也非常完好，图像画面清晰、色彩艳丽、绘制精美、内容丰富，实为唐代壁画中的精品，也代表了这一时期的艺术水准。

　　最为难得的是，洞窟东壁门北维摩诘经变中文殊来问的画面下部，绘制有一幅器宇轩昂、大气磅礴的中原"帝王听法图"。这幅帝王像与传为唐代著名画家阎立本所绘制的《历代帝王图》在形式上极为相似。但这幅画面中人物之多，场面之大，情节之丰富，都远超《历代帝王图》。而且传为阎立本的《历代帝王图》的绘制时间晚于第 220 窟 30 多年，所以这幅"帝王听法图"为我们认识《历代帝王图》及帝王图这一图像系统都提供了新的素材，成为研究中国唐代人物画的代表性作品。

　　中国古代绘制帝王像的历史极为久远，《孔子家语·观周篇》中就记载："孔子观乎明堂，睹四门墉有尧舜之容桀纣之象，而各有善恶之状兴废之诫焉。又有周公相成王，抱之负斧扆，南面以朝诸侯之图焉。"这是说，孔子曾经在周朝的明堂上见过悬挂在四面墙壁上的尧、舜与桀纣及周公和武成王的画像。这些画像起着"见善足以戒恶，见恶足以思贤"的功能，在一定程度上更是起着维护国家统治的作用。图绘帝王的传统，在历代文献资料中都有记载，但保存下来的实物资料却极为罕见。

莫高窟第 220 窟中的帝王像源于《维摩诘经》"方便品"中的经文："以其疾故，国王、大臣、长者、居士、婆罗门等及诸王子，并余官属，无数千人，皆往问疾。"经文所谓国王，应该是指古印度国的某一国国王，但古代画工们却将佛经中的"国王"表现为一位身穿冕旒的中原帝王。应该说，这是佛教深度中国化的形象表现。

莫高窟第 220 窟帝王像有着比阎立本《历代帝王图》帝王像更复杂的人物衣冠。其头戴六旒缔冕，玄衣缥裳，白布中单，笏头赤舃，腰系红绿菱格纹为饰的大带或革带，上衣暗饰"山"纹章，肩膀两侧饰"日、月"二纹章，袖口绘饰"粉米、黻"二章，上衣下摆或褾画升龙之像。这些复杂的衣饰名称再一次表明，这幅帝王像所着冕服是依据唐代贞观时期真实帝王所穿着的冕服样式所描绘而成的，这也是敦煌壁画所具有的以图证史和"历史价值"的重要佐证。

这一非同寻常的帝王像，被画工描绘得不仅器宇轩昂、雍容大度，而且在众大臣和侍从的簇拥下，昂首阔步。这不可一世的帝王形象通过画工精致的构图，娴熟的线条，简淡的赋色，充分地体现出了中国绘画"气韵生动""以形写神"的最高境界。

总之，无论是绘制技法，还是其所透露出来的绘画思想，都表明这幅帝王像是一幅难得的初唐人物画杰作，是敦煌，也是中国绘画中的代表精品。

华筵唐音

——壁画中的大唐乐舞

在敦煌莫高窟初唐第 220 窟北壁,

画工根据隋达摩笈多译《佛说药师如来本愿经》绘制了一幅大型的药师经变。

"经变"是一种佛教教义的表现形式,在南朝的时候就已经出现,

"变"就是把晦涩难懂的经文变成了图画的形式。

第 220 窟的药师经变,无论是壁画的构图气势,还是绘画风格,

都体现了大唐王朝的富庶和开放。

　　敦煌莫高窟第 220 窟有一幅精美的乐舞图，它是药师经变的一个局部。在前文中，我们介绍过东方的药师信仰和敦煌莫高窟的药师佛形象。药师佛是东方净琉璃世界的教主，是治疗众生老病痼疾的药王，人们以悬幡、燃灯、献香花、乐舞等方式来供奉药师佛，祈愿了无挂碍的美好生活。

　　在敦煌莫高窟初唐第 220 窟北壁，画工根据隋达摩笈多译《佛说药师如来本愿经》绘制了一幅大型的药师经变。"经变"是一种佛教教义的表现形式，在南朝的时候就已经出现，"变"就是把晦涩难懂的经文变成了图画的形式。第 220 窟的药师经变，无论是壁画的构图气势，还是绘画风格，都体现了大唐王朝的富庶和开放。

莫高窟第 220 窟　药师经变

莫高窟第 220 窟　乐舞图

　　画面居中为七身药师佛，头悬华盖，飞天翱翔其间，美不胜收。在药师佛的身侧侍立日光、月光等八大菩萨。画面的左右两侧绘制了十二药叉神将，每位都身着甲胄，头戴宝冠，并饰以动物肖像，现在能够辨认出的就有蛇、兔、虎等动物。

　　佛前水池中央的宝台，以红蓝两色琉璃铺成，富丽繁华。宝台的栏边，有侧身倚栏而坐的菩萨，手捧莲花，合掌礼佛，水池中碧波荡漾，莲花盛开。在宝台中央赫然出现了规模巨大的舞乐场面，在中原式灯楼和西域式灯轮的照耀下，展现出灯山火木，烁烁光华。

莫高窟第 220 窟　西侧乐队　　　　　　　　　　莫高窟第 220 窟　东侧乐队

画面中的舞伎如疾风一般回旋身姿，她们双足腾踏交替，和着鼓点，酣畅淋漓尽情起舞。这两组舞伎，舞姿相似，右侧两身素裹白裙，展臂挥巾；左侧两身着锦衣石榴裙，举臂提脚，纵横腾踏。不过记载中的小圆球子，已经变身为舞伎脚下的一方小小的圆形舞筵。唐代的宫廷、豪门宴集时，伎乐并作，舞台也多以舞筵铺就。杜甫笔下就有"鱼吹细浪摇歌扇，燕蹴飞花落舞筵"的诗句。

舞伎两侧的乐队伴着舞蹈进行演奏，打击类、吹奏类、弹拨类的乐器，错落有致地排列在两侧的方形舞筵上。

两侧乐队共有 28 人，分别演奏阮咸、箜篌、筝、筚篥、横笛、排箫、拍板、方响、钹、海螺、腰鼓、鼗鼓、羯鼓和都昙鼓等乐器，共 20 多种。这些乐器都属于高音部乐器，组合在一起很难奏出和声，于是乐人须根据乐器的性能、音色以及音响特点来演奏，再通过打击乐器来进行不同节奏的伴奏，让每一位乐手都陶醉于乐曲之中。他们专注、怡然自得的表情，仿佛让壁画中无声的乐曲也变得余音袅袅，千年不绝。

从丝绸之路来看，在那个漫长的年代，当年胡人、胡乐盛行于大漠中的阳关古道，西域风情的胡旋舞、西凉乐、龟兹乐、高昌乐……这些回响在敦煌古城中的各民族音乐一定是建立在各种繁杂的语言背景、民族宗教信仰习惯、社会生活习俗之上而呈现各民族的音乐风格特征的，各类异彩纷呈的音乐一定是在百花齐放、百家争鸣中相互借鉴、相互影响的。可以说，异域风情的弦歌鼓吹、胡乐炫舞是当时敦煌音乐文化生活的真实写照，也是大唐盛世的一个缩影。

一花一世界

——『化生童子』代表作

"化生"一词为佛教专业术语，即无所依托，借业力而出现者。

佛教中往往借莲花寓意化生，用来象征佛国净土。莲花也成为佛教艺术中的重要装饰纹样。

在中国，关于莲花的喜爱和信仰由来已久。

相信大家对北宋学者周敦颐的名作《爱莲说》并不陌生，

文中"出淤泥而不染，濯清涟而不妖"的精彩描述，

可谓真实地道出了莲花坚贞的品格，

这也与当时世人提倡的洁身自好、胸襟洒脱的社会风气不谋而合。

两者随着佛教的传入很自然地走到了一起，

并在敦煌石窟的壁画中得到了充分体现。

"化生"一词为佛教专业术语，即无所依托，借业力而出现者。佛教中往往借莲花寓意化生，用来象征佛国净土。莲花也成为佛教艺术中的重要装饰纹样。在中国，关于莲花的喜爱和信仰由来已久。相信大家对北宋学者周敦颐的名作《爱莲说》并不陌生，文中"出淤泥而不染，濯清涟而不妖"的精彩描述，可谓真实地道出了莲花坚贞的品格，这也与当时世人提倡的洁身自好、胸襟洒脱的社会风气不谋而合。两者随着佛教的传入很自然地走到了一起，并在敦煌石窟的壁画中得到了充分体现。

莫高窟第 220 窟，因东壁门上至今尚存唐贞观十六年 (642) 题记一方，由此可知该窟的具体建造年代。窟内壁画曾在宋时重绘，随着国立敦煌艺术研究所于 1944 年将四壁表层壁画完整剥离，初唐艺术杰作终得再现世人眼前。

此窟最精彩的莫过于绘制在南壁的巨幅观无量寿经变，画面中央为碧波荡漾的七宝莲池，阿弥陀佛及众菩萨或坐或立于莲花之上。宝池的下层正中有一枝粗大莲茎向左右分出细枝，共生 9 莲，莲上立有化生童子。敦煌壁画中的化生形象可谓种类繁多，而化生童子即为诸多化生题材中不可忽视的重要组成部分。他们造型多样，姿态万千，充分反映了古代画师的创造精神和高超技艺。

第 220 窟所绘的化生童子即为这一题材中的代表之作，画面中憨态可掬的他们或呈倒立，或"叠罗汉"，或坐于含苞未放的透明莲花中等待出生，或"化生"之后立即成为菩萨，其间透露出的天真童趣，不禁令人心向往之。尤其是童子们身上的短袖衫、短裤、背带裤、裹肚等图案，形象地再现了7世纪中叶的儿童服装样式，为难得一见的古代服饰资料，具有极高的参考价值。整幅经变画大到人物的造型、神韵，小到一片荷叶、一朵彩云，无不细腻入微，生动写实，体现了唐代绘画的艺术特点。

倘若翻阅佛经即可获知，这里的化生童子与净土宗中的"九品往生"有着密切的联系。据《观无量寿经》等佛典记载，凡有发愿往生西方净土者，各依"行业"之不同共分九种往生形式，即佛教中所谓的"三辈往生"。化生童子们依据往生等级的不同，有的立于莲上，有的则还在莲中。古代画师将"九品往生"置于各种莲花之内，可以说既丰富了作品的内容，又起到了装饰画面的效果。同时，也因为化生童子的存在，使得本应充满神秘色彩的宗教画平添了一缕世俗的味道。

《华严经》云："佛土生五色茎，一花一世界，一叶一如来。"化生童子的绘制反映了古人对美好未来的期待，更是世人对人生态度的集中体现。

无所从来
亦无所去

——第 332 窟涅槃经变

千百年来人们一直在苦苦思索着我们是谁，我们从哪里来，我们将到哪里去。

而佛教则在一定程度上回答了这三个问题中的"我们将到哪里去"，

答案是我们最理想的永恒，佛教称之为涅槃。

"涅槃"是佛教修行的最高境界，

一般是专指佛教创始人释迦牟尼经过几十年的苦修而达到的一种"常乐我净"的永恒境界。

中国的唐玄奘去印度那烂陀寺学习佛学后将涅槃翻译成了"圆寂"，

意思是"功德圆满，永恒寂静"。

千百年来人们一直在苦苦思索着我们是谁，我们从哪里来，我们将到哪里去。而佛教则在一定程度上回答了这三个问题中的"我们将到哪里去"，答案是我们最理想的永恒，佛教称之为涅槃。

"涅槃"是佛教修行的最高境界，一般是专指佛教创始人释迦牟尼经过几十年的苦修而达到的一种"常乐我净"的永恒境界。中国的唐玄奘去印度那烂陀寺学习佛学后将涅槃翻译成了"圆寂"，意思是"功德圆满，永恒寂静"。

敦煌莫高窟保存的与涅槃有关的图像和造像，从时间和数量上都具有非常重要的历史和艺术价值。如果以睡佛壁画代表涅槃来看，最早可以追溯到北周第428窟西壁，最晚延续到了中唐第44窟西壁，这样的睡佛壁画总共保存了7幅。如果以大型人物场景展开的整个涅槃经变来看，这样的壁画保存了4幅，最早当属公元698年第332窟的南壁。武则天时期流行涅槃经变，如山西博物院藏有临猗天授二年（691）涅槃变造像碑，这与昙无谶翻译的《大般涅槃经》中提到的"如来毕竟不受女身，为欲调伏无量众生故现女像"关于重视女性的内容是一致的。

莫高窟第332窟　菩萨持香炉

莫高窟第 332 窟的这幅涅槃经变，高 3.7 米，宽 6.1 米，面积近 23 平方米。整幅画面以十组场景为观赏的人们一一展示了释迦牟尼佛经过 80 年时间教化众生，尘缘已尽，他知道自己将要涅槃，在中天竺拘尸那城两棵娑罗树之间，召集众弟子说《大般涅槃经》，讲述了涅槃的意义，然后右胁而卧，安然入灭。可是，弟子们出于对导师的感情，他们都非常悲哀。佛母摩耶夫人听说佛涅槃的消息，即从忉利天宫下来，于是佛又从金棺里坐起，为母亲说法。然后金棺自举，焚化后留下舍利，弟子们建塔供养。图中的临终遗教、双树病卧、入般涅槃、商办入殓、再生说法、力士举棺、大众送殡、香楼火化、八王争舍利、起塔供养等情节都充分地展现了很强的世俗性和极浓的人情味。

比如画面中描绘释迦涅槃后身体入殓，阿难等十二比丘抬着金棺出殡，前有菩萨持香炉，弟子持幡引路，后有诸天、僧众送殡，队伍浩浩荡荡。其中大部分画面并没有完全按照佛经内容绘制，而是依据现实生活中的丧葬礼仪和真实情景绘制完成的，甚至棺材上绘制的一只雄鸡表现的"金鸡出殡"的葬俗现在还在使用。传统的雄鸡出殡是与五行、十二地支有关联，而佛教中涅槃的出殡中出现鸡的形象则是与佛教十二兽和中国传统的十二属相有关联。所以从这里我们也可以看出中国传统文化和佛教文化不断融合。

整幅画除了故事场景的精彩描绘，其艺术成就也是相当之高。画面的背景山水描绘辽阔深远，为故事内容烘托出了相应的气氛。其中山的画法是勾勒出轮廓线后，平涂颜色，山峦外沿，以石青绘制成树的形状，装饰性极强，但又不完全是为了装饰，而是力求表现一种层次和变化。山峰之间，明显地以赭石和石青、石绿分出阴阳向背，使得整个画面显得富于变化和壮阔。

从这些精彩的情节可以看出第 332 窟的涅槃经变，是在前代涅槃图像的基础上创作的一铺全新的、民族化的、具有连环画形式的巨幅画作。画作呈现出宏大的规模、绚丽的色彩、雄浑的气魄，是敦煌壁画艺术新高峰的经典之作。

佛陀的抉择

——『乘象入胎』与『夜半逾城』

第329窟的佛传故事绘制于西壁龛内顶部，为初唐原作，

右侧画的是"乘象入胎"，左侧为"夜半逾城"。释迦的一生经历丰富，

但这两个情节对于他的人生轨迹来讲，可谓至关重要。

前者表现了释迦的降生，即入世；

而后者则表现释迦察觉世间诸苦后，舍弃执念、寻求大道的过程，即出世。

莫高窟第 329 窟 佛传故事

　　佛传故事记载的是释迦牟尼生平的种种事迹，其内容在《修行本起经》《普曜经》《佛所行赞》等多部佛教典籍中均有涉及，为佛教三大故事之一。

　　莫高窟现存最早的佛传故事见于北凉时期，其后历代均有绘制，直至北宋，时间跨度达五百年。其表现形式也是多种多样，有单幅式、异时同图式、连环式以及屏风式。这些作品中有展现释迦牟尼一生完整事迹的，也有只突出其中某一特殊情节的。在众多的佛传故事画中，"乘象入胎"和"夜半逾城"可以说是出现频率最高，最受欢迎的情节了。

乘象入胎图在莫高窟共存有14幅，内容大致是释迦的前世能仁（护明）菩萨，一日化乘白象，于摩耶夫人熟睡之时，投入其腹中转世成人。画面中多为一菩萨乘白象踏云而行，有的还会表现摩耶夫人夜寐的场景。夜半逾城图在莫高窟共存有16幅，大致是悉达太子外出观游后萌生出家之念，半夜国人均已昏睡，在诸天的帮助下，太子逾越城门，悄然离去。

第329窟的佛传故事绘制于西壁龛内顶部，为初唐原作，右侧画的是"乘象入胎"，左侧为"夜半逾城"。释迦的一生经历丰富，但这两个情节对于他的人生轨迹来讲，可谓至关重要。前者表现了释迦的降生，即入世；而后者则表现释迦察觉世间诸苦后，舍弃执念、寻求大道的过程，即出世。这与中国传统的儒家、道家等学说所倡导的理念有所不同，儒学主张入世，即授人修身、齐家、治国、平天下之道；道家则提倡无为而治，顺其自然；相较之，佛教的修行更强调出世、避世的思想。这一观点的存在，也为莫高窟早期石窟中大量佛教故事画的绘制提供了必要的先决条件。

莫高窟第 329 窟　夜半逾城

莫高窟第 329 窟　乘象入胎

　　两幅故事画遵循了中国汉地传统的审美标准，呈对称状整齐地排列在佛龛内。右边画面中的大象健壮威武，四足立于红莲之上；左边画面中的骏马则更是矫健挺拔，马蹄之下力士飞腾。历经岁月的洗礼，大象和白马已然氧化变黑，与淡黄的底色形成了鲜明的对比。两幅作品均前有乘龙天人引路，后有披帛飞天环绕，周边还伴随着飞动的流云和盛开的鲜花，给人一种满壁风动，热烈欢快之感。

　　相对于大象而言，对马的摹写显得更加细腻逼真。敦煌地处西北，为丝绸之路上的咽喉重镇，这里每日旅人不绝，驼马声声。画师频频目睹，可谓再熟悉不过了，故相对于罕见的大象而言，对马的描绘或许拿捏得更加到位吧。初唐的绘画艺术较之前代的同类题材，内容上更加丰富，技法亦趋于成熟，无愧是莫高窟的扛鼎之作。

繁缛富丽，融洽无间

——宝相花藻井图案

随着丝路畅通，敦煌与中原和西域交往逐渐频繁，
新画风、新纹样随之不断传入敦煌石窟。
初唐的藻井图案继承了隋朝的内容和样式，
并不断创新，图案进一步向织物特征转变。
莫高窟第329窟的藻井便是这一时期装饰纹样推陈出新的典范。

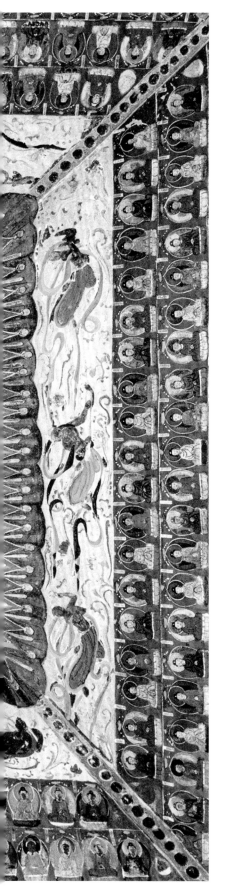

随着丝路畅通，敦煌与中原和西域交往逐渐频繁，新画风、新纹样随之不断传入敦煌石窟。初唐的藻井图案继承了隋朝的内容和样式，并不断创新，图案进一步向织物特征转变。莫高窟第 329 窟的藻井便是这一时期装饰纹样推陈出新的典范。

从图片中可看出，这一时期的莲花日趋圆润丰满，结构规整，层次繁多，表现出愈来愈繁复饱满的宝相花风格。

那么什么是"宝相花"呢？这一名称来自佛教，象征庄严、妙相之花。"宝相"一词是佛教徒对佛像的尊称，有"宝相尊严"之谓，是莲花装饰纹样的一种。《敦煌学大辞典》中说宝相花有两种，一种花形四瓣，如"十"字形，花瓣桃形，花瓣有以莲瓣纹组成的，也有以云头纹组成的，还有以叶纹组成的；另一种，花瓣稠密，层层不尽，呈放射状，看起来不像莲花，也不是团花。

第 329 窟的藻井图案样式独特，展现了宝相花流光溢彩的魅力。藻井图案的底色全部以蓝色叠晕，每个花瓣由白、青紫、

莫高窟第 329 窟
飞天莲花藻井　局部

朱红、褐色四种颜色组成，花心呈五色法轮状，色彩非常绚丽。

　　花瓣四周有四身持花飞天，乘彩云环绕莲花轻飞曼舞。四角莲花外缘添加了石榴纹样。边饰与井心图案一样华丽，有缠枝葡萄莲花纹、卷草纹、方格连珠纹，帷幔外绘十二身飞天。飞天演奏着琵琶、箜篌、腰鼓等乐器，各绕藻井四周飞翔，充盈着夺目的光彩和运动的韵律。可谓集初唐藻井图案之大成。

　　华丽无比的图案以及飞天活泼多姿的动态给人以无限遐想，并且与窟内经变画相呼应，共同构成一个完美的佛教艺术空间。

　　这一时期的莫高窟藻井图案，外来元素众多。画师融汇中西纹样于一体，发展出新的纹样，流光溢彩的纹样与净土思想追求的"吉祥果树，华果恒芳，光明照耀，修条密叶"相呼应，描绘出超凡脱俗的世界，也反映了初唐蓬勃上升的时代风貌。

——张骞出使西域图

虚实结合的史迹画

在敦煌石窟群中有一个特别的洞窟，它是一个真正
"原创"的洞窟，也是目前仅存的，主题为佛教史
迹画的洞窟，它就是建造于初唐晚期的莫高窟第
323窟。

莫高窟第 323 窟　中国佛教史迹画之张骞出使西域

在敦煌石窟群中有一个特别的洞窟，它是一个真正"原创"的洞窟，也是目前仅存的，主题为佛教史迹画的洞窟，它就是建造于初唐晚期的莫高窟第 323 窟。

该窟引入了之前从未出现的壁画题材，如佛教历史故事、感应故事、高僧灵异事迹等都在此有所体现。这一讲我们要介绍的"张骞出使西域图"，更是把张骞出使西域这一历史事件，附会成了佛教传入汉地的最早事件。

这幅壁画位于第 323 窟主室北壁西侧，是莫高窟最早的佛教历史画。这幅图由 4 个画面组成，呈"凹"字形排列，每个画面均有榜题。我们从右上角开始，以逆时针方向来读图。

右上角的画面中有一大殿，匾牌书"甘泉宫"，殿内并列二佛像，榜题已模糊。一个王者模样的人手执香炉跪在地上，他的左右躬身站着六个人，都是合掌持笏。榜题写道："汉武帝将其部众讨匈奴，并获得二金（人）长丈余，列之于甘泉宫，帝为大神，常行拜谒时。"这个榜题和构图的蓝本都是出自《魏书·释老志》的记载。

　　壁画下部中间的画面中，王者骑于马上，周围有臣属八人，有的在前方引路，有的在后方跟随，还有一人拿着曲柄华盖。王者迎面有一人，双手持笏跪拜，后面有两个侍从，持节而立，另有四匹驮行装的马及一个马夫。榜题写道："前汉中宗既得金人，莫知名号，乃使博望侯张骞往西

莫高窟第 323 窟　张骞出使西域图　局部

莫高窟第 323 窟　张骞出使西域图　局部

域大夏（国）问名号时"。

莫高窟第323窟　汉使到达大夏国

壁画左上角画面，为一人骑马行于旅途，二人持节骑马跟随其后，榜题文字已模糊。然后三人行至一城，城内有一佛塔，城门外立二比丘向城内观望。榜题写道："□大夏时"。这个画面表现了张骞最后到了大夏国，见到了佛塔，知道了金人实际上是佛像。

事实上，壁画题记和图像，与真实的历史相差甚远。在《史记》《汉书》这样的正史中记载，元狩二年（前121），汉武帝的大将霍去病在击破匈奴休屠王时确实获得了祭天金人。但这个金人是否为佛像，正史没有记载。那么，壁画榜题中的这段文字是哪来的呢？很可能与《魏书》的记载有关。《魏书·释老志》说："汉武元狩中，遣霍去病讨匈奴，至皋兰，过居延，斩首大获。昆邪王杀休屠王，将其众五万来降。获其金人，帝以为大神，列于甘泉宫。金人率长丈余，不祭祀，但烧香礼拜而已。此则佛道流通之渐也。"编撰《魏书》的魏收生活在佛教兴盛的北齐，显然接受了佛教信众改编后的说法。到了隋唐时期，这一说法在佛教信徒中更加普及，自然就被绘在敦煌石窟壁画中。

第二幅画面中"前汉中宗既得金人，莫知名号，乃使博望侯张骞往西域大夏（国）问名号时"，更与历史事实不符，因为前汉中宗汉宣帝是汉武帝曾孙，不可能派张骞出使西域。但据画面关系分析，这应是张骞第二次出使西域。《魏书·释老志》在叙述汉武帝获取金人一事之后，接着说道："及开西域，遣张骞使大夏还，传其旁有身毒国，一名天竺，始闻有浮屠之教。"张骞出使西域，再一次被附会到佛教传播的历史当中。

佛教究竟是什么时候传入中国的呢？比较一致的看法是东汉初年。东汉明帝永平年间（58-75），汉明帝派遣使者到西域，到达大月氏地区，迎接迦叶摩腾与竺法兰两位高僧来汉朝，并用白马运回佛像和佛经，于公元 67 年到达汉地。公元 68 年，汉明帝为迦叶摩腾和竺法兰在洛阳建造了中国第一座佛教寺院，以驮载经书佛像的白马命名，称白马寺。迦叶摩腾在寺中翻译了佛经《二十四章经》。这便是中国有佛僧、佛寺、佛教之始，也是为我国学者所公认佛教传入中国之始。

绘制张骞出使西域图的初唐时期，正是道居佛先、佛道之争不息的时代。这幅图是莫高窟第 323 窟的八幅佛教史迹画之一，当时的敦煌人正是通过这样一种虚实结合的方法，用图像记录佛教文化在中国传播的历程。

佛教南传轨迹

——康僧会故事全图

莫高窟第323窟开凿于初唐时期，
南、北壁通壁绘制佛教历史故事，
题材时间跨度从西汉至隋代，
其中北壁就绘有著名高僧康僧会在江南弘传佛法的历史故事。

莫高窟第 323 窟开凿于初唐时期，南、北壁通壁绘制佛教历史故事，题材时间跨度从西汉至隋代，其中北壁就绘有著名高僧康僧会在江南弘传佛法的历史故事。

康僧会是三国时代的高僧，他的祖上是康居（也就是今天哈萨克斯坦一带）人。他十多岁丧父出家，精通佛教三藏。三国时代江南佛教尚未普及，康僧会见此便从洛阳到了当时东吴的首都建业。由于他的容貌和服装奇特，所以得到了东吴皇帝孙权的接见。康僧会向孙权宣说佛教的法力无边，并请以二十一日为期，将舍利子上献。上献之时，舍利子发出五色之光，朝贤集观，更有人用铁锤击打，而舍利子丝毫无损。孙权钦佩不已，为康僧会营造建初寺，时人称为江南第一所佛寺，为佛教在江南的传播奠定了基础。

公元 264 年，孙皓执政。孙皓准备灭除佛法并拆毁建初寺。后来，孙皓染病，百治不愈，于是请康僧会入宫，治疗以后得以痊愈。其后康僧会为孙皓宣讲佛法、解说因果，并为他授五戒，就是不杀、不偷、不淫、不酒、不妄语，孙皓从此不再排斥佛教，使佛教在江南传播得更广泛，地位更为坚实。

该图是以连环画的方式表现康僧会弘传佛法的历程。画师利用山峦分隔不同的故事情节，其中表现康僧会从海上来的场景尤为精彩。画面中康僧会乘坐鼓起帆的一叶扁舟，船上隐约可以看到几个人，画面以山水为背景，咫尺之图有千里之景，绵延壮阔。烟雨迷蒙的江湖景色还颇有李白诗中"孤帆远影碧空尽，唯见长江天际流"的意境。但由于变色比较严重，山水及人物的轮廓线都看不清了，远山的颜色变成黑色，因此曾经还有人误认为是"没骨画"，或者认为是水墨画，其实只是变色的原因。

莫高窟第 323 窟
康僧会从海上来到东吴

中间画出一个大帷帐，帷帐的入口还清晰可见支撑帐布的木梁。帷帐里面的莲花座上有表现舍利子放光的奇异场景，帷帐外面绘制有两组人对立讨论的场景，表现的正是吴王孙权召见康僧会并且问及佛教有何灵验的问题，康僧会为了表现佛法的神力，随即用自己的法力获得佛舍利子，舍利子光芒四射，孙权和众多朝臣大为惊叹，从而支持他修建了江南第一座大型官方寺院——建初寺。

　　画面的右上角绘制了一座院落，院落外面有僧人双手合十朝向院内，还有工人正在运送木料，也是表现了建初寺正在修造的情景。最下面绘制了一位帝王装扮的人物向对面的一位穿袈裟的僧人跪拜合十，表示孙皓下跪迎接康僧会。

莫高窟第 323 窟
孙皓礼迎康僧会

　　这幅根据佛教历史故事所绘制成的
壁画虽然篇幅不大，但是构图有序，内
容丰富，从侧面提供了一组形象而具体
的，探索研究佛教在汉地传播过程的珍
贵图像资料。

万般皆『缘』来

——东晋杨都金像出渚故事画

佛教感通画是指以佛教在传播过程中出现的神异、
灵瑞等不可思议现象为题材的图画，
其内容包括瑞像、圣迹、神僧、传说等故事，
题材约有百余种，
分布于天竺、西域、河西、中原及江南等地区。

莫高窟第 323 窟　中国佛教史迹画之东晋杨都金像出渚

佛教感通画是指以佛教在传播过程中出现的神异、灵瑞等不可思议现象为题材的图画，其内容包括瑞像、圣迹、神僧、传说等故事，题材约有百余种，分布于天竺、西域、河西、中原及江南等地区。

莫高窟初唐第 323 窟南壁绘有"东晋杨都金像出渚"的故事。根据壁画中保存清晰的榜题字迹，我们了解到，在东晋咸和年间 (326—334)，丹阳高悝于张侯桥下得一金像，无佛背光及佛座，梵铭云此像为阿育王第四女所造。高悝以牛车载像至长干巷口，牛不复前行，乃驻长干寺。多年以后，有临安渔民张系世在海边发现莲花金座，至咸安元年（371）交州合浦县采珠人董宗之在海底发现金像背光，均与长干寺金像契然相应、恰然符合。这个故事在《高僧传》《集神州三宝感通录》《法苑珠林》等都有记载，只是史传中的"长干寺"被改作了"西灵寺"。

这幅壁画中的人物栩栩如生，不仅有着袈裟的僧人，更有很多前来迎见佛像的老百姓，如纤夫、船工、妇人、孩童等。他们身着和故事时代并不相符的衣饰，也许正因为这是初唐的洞窟，画工更多地按照唐时人们日常生活中的景象来如实描绘。

整幅故事的构图颇有新意，所有情节推进都遵循着近大远小的视觉原理。在远处群山连绵起伏之中，波涛劲浪高低之间，绘制出了光芒四射的佛像、佛座和背光。近处迎请佛像的行船，满载众人后，绕山而行，在水流的牵引下，徐徐而来。画中的舟船，因风而前行，因水而流转，让整幅画面动感十足、美不胜收。

画工让整幅画面沉浸于唐代的青绿山水画作之中，着色清透，笔法刚劲，山势因水的环抱而苍翠秀丽，水势因山的引导而温润绵延，可谓是碧空海阔水天相接，穷奇俊美重峦叠嶂，好一幅人间山水画卷。

游走于传说和历史间的感通故事

——西晋吴淞口石佛浮江故事画

佛教史迹画，亦称感通故事画，
是佛教中表现诸多传说及相关历史的图画，
多取材于《法显传》《大唐西域记》《高僧传》等史籍、
游记中的情节。若按内容及性质，
可划分为佛教历史、感通故事、瑞像等题材，
属于传说或是著者根据其所见所闻附会编写的产物。

莫高窟第323窟 中国佛教史迹画之西晋吴淞口石佛浮江故事

佛教史迹画，亦称感通故事画，是佛教中表现诸多传说及相关历史的图画，多取材于《法显传》《大唐西域记》《高僧传》等史籍、游记中的情节。若按内容及性质，可划分为佛教历史、感通故事、瑞像等题材，属于传说或是著者根据其所见所闻附会编写的产物。

第323窟建于初唐，为莫高窟佛教史迹画最为集中的一个石窟。该窟共绘有此类作品八幅，南壁三幅、北壁五幅，除南壁中央的"东晋杨都金像出渚"因人为原因残毁外，其余均保存完好。

南壁西侧的"西晋吴淞口石佛浮江"为佛教史迹画代表作品之一。据《集神州三宝感通录》记载，晋愍帝建兴元年(313)，吴郡吴县松江沪渎口有二人浮立于海面，众人疑为海神。巫祝、道士遂前往迎接，然"风涛弥盛，骇惧而返"。后奉佛之人顶礼相迎，则风平浪静。二人浮江而至，乃二石佛也，于是请置于通玄寺。

　　整幅作品由三部分组成，其间均配有榜题，墨书题记依稀可见。画面右上角绘二佛像浮于水面，有数人拱手立于岸边，隔江礼拜。右下角则有巫祝、道士三人跪于坛前，意欲迎接神像。中间有一船只行于江面，船上载有二佛及送迎之人，岸边众僧俗或跪拜、或立观，虔诚之态溢于言表。画面的最下方还绘有一组骑牛迎佛的场景，祖母执莲携孙儿跨于牛背之上，儿子牵牛徐徐前行，媳妇捧莲紧随其后，孩子回首召唤着母亲，而走在最后的祖父则拄杖蹒跚，奋力追赶。整幅作品生活气息浓郁，具有强烈的代入感。

　　该窟还存在大量的山水画，它作为故事的背景，具备完整的布局和细腻的刻画。图中左侧的大山重峦叠嶂，将中部的故事画紧紧环抱。右端也有一山崖，与左侧山峦形成顾盼。两山之间，一条大河奔流不息，与大山紧紧相依。绿树青藤、碧草红花，山水的结合在这里堪称完美自然。整幅作品采用了青绿山水画中的多种表现手法，合理地处理了近大远小的透视关系，气势宏大、境界辽阔，已初具盛唐山水画大家李思训的风格。

　　第 323 窟的壁画题材在莫高窟极为少见，所绘的佛教史迹画，其艺术价值和历史价值更是不容置疑。甚至有学者根据此窟的壁画内容，证实了古代吴淞江及上海的史地情况，足见其现实意义。

律宗剪影

——莫高窟罕见的佛教戒律画

戒律，是佛教为禁止教徒的某些不当行为而制定的准则与规范。

其种类很多，且男女不等，最多时男有250条，女有384条，常见的有五戒、八戒之说。

戒律并非一成不变，根据流派或国家的不同，僧人所持守的戒律也不尽相同。

如唐代八宗中的律宗对戒律的要求就比较严格，而天台宗、净土宗则相对宽松一些。

同样，印度、中国、日本、泰国等国的佛教戒律也不完全一样，

这或许能够从一个侧面来解释为何有些僧人存在食肉或是婚配的现象了。

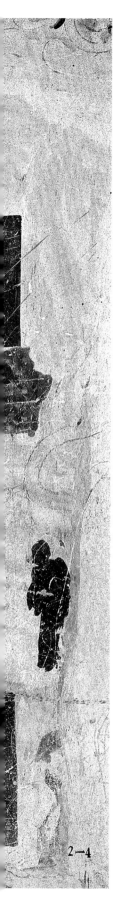

　　戒律，是佛教为禁止教徒的某些不当行为而制定的准则与规范。其种类很多，且男女不等，最多时男有 250 条，女有 384 条，常见的有五戒、八戒之说。戒律并非一成不变，根据流派或国家的不同，僧人所持守的戒律也不尽相同。如唐代八宗中的律宗对戒律的要求就比较严格，而天台宗、净土宗则相对宽松一些。同样，印度、中国、日本、泰国等国的佛教戒律也不完全一样，这或许能够从一个侧面来解释为何有些僧人存在食肉或是婚配的现象了。

　　第 323 窟的东壁存有大量的佛教戒律画，以组画的形式展现了僧人们为遵守戒律而发下的种种誓愿。这些画面多依照北凉时期著名僧人昙无谶所译的《大般涅槃经》绘制而成，每幅作品均配有榜题，虽然文字多已漫漶不清，但凭借依稀残存的题记基本可以释读所绘情节之真义。

　　东壁戒律画共有十四个情节：门北的画面分为三排，存榜题八方，分别是：1. 宁碎其身，不受礼拜；2. 宁刺周身，不染凡音；3. 内容不明；4. 宁挑双目，不视女色；5. 宁割其舌，不贪美味；6. 宁去其鼻，不嗅诸香；7. 内容不明；8. 宁斩其身，不贪诸触。

莫高窟第 323 窟　东壁门北　戒律画

2-4

莫高窟第 323 窟　东壁门南　戒律画

1-1

2

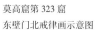

莫高窟第 323 窟
东壁门北戒律画示意图

莫高窟第 323 窟
东壁门南戒律画示意图

　　门南同样绘有多组守戒场景，分为上下两排，榜题画面约
为六幅，分别为：1.宁铁匝身，不着华服；2.宁吞热丸，不受
饮食；3.宁投火海，不纳诸女；4.宁枕热铁，不享卧具；5.宁
遭鞭笞，不受医药；6.宁投铁镬，不居屋宅。

　　种种迹象表明，莫高窟的第 323 窟与佛教中的律宗有着密
切的联系。律宗，中国佛教流派之一，因着重研习及传持戒律
而得名。创始人为唐代名僧道宣（596—667），由于道宣常居
终南山，故又名南山宗。该宗自唐代开山立派以来，开枝散叶，
广为传播。天宝十三年(754)，律宗大师鉴真更是将律宗传至

日本，在当时的都城奈良的东大寺佛殿前筑坛授戒，弘扬律法，开创了日本律宗之先河。直至今天，律宗依旧是中国佛教流派的重要分支，弟子遍布大江南北，著名的近代艺术教育家弘一法师即为律宗弟子。

律宗的创始人道宣是初唐时期影响极大的僧人，他一生致力于《四分律》的研究，并对传、受戒法作出了各项规定，为其后研究律藏的佛教徒们提供了重要的理论依据。敦煌藏经洞出土的文献中就有多部和道宣有关的律宗经典，说明河西一带有他的追随者，故有学者推测此窟很可能是由律宗弟子设计并建造完成的。

古人云："勿以善小而不为，勿以恶小而为之。"但事实上，戒律题材在国内诸石窟并不多见，莫高窟壁画中也极为罕见。因此，第323窟绘制的内容为我们了解佛教的中国化演变，提供了不可多得的图像资料。

——十轮经变

经变中的吉光片羽

第321窟为莫高窟初唐代表洞窟之一，窟内保存的十轮经变是此窟欣赏的重点。

经变，又称变或变相，简单地说就是将佛经中的文字内容以绘画的形式表现出来。

自唐朝开始，经变画成为敦煌壁画的表现主体。

各时期流行的思想理论和佛教流派并不相同，

使得这之后莫高窟经变画的种类日渐丰富，这其中就包括较为罕见的十轮经变。

第321窟为莫高窟初唐代表洞窟之一，窟内保存的十轮经变是此窟欣赏的重点。经变，又称变或变相，简单地说就是将佛经中的文字内容以绘画的形式表现出来。自唐朝开始，经变画成为敦煌壁画的表现主体。各时期流行的思想理论和佛教流派并不相同，使得这之后莫高窟经变画的种类日渐丰富，这其中就包括较为罕见的十轮经变。

莫高窟的十轮经变是根据《大方广十轮经》绘制而成的，这里的"轮"是方法的意思。它是一部与地藏信仰和"末法思潮"有着紧密联系的佛教典籍，隋朝流行的三阶教就十分重视这部佛经，敦煌遗书中也出土了20余件《十轮经》写经。但以《十轮经》为主题的壁画，却仅见于莫高窟第321窟和第74窟。

莫高窟第 321 窟　十轮经变

第 321 窟的十轮经变位于主室南壁，左下角榜题中至今能够清晰辨认"第四轮"的字样，由此判定该图像为十轮经变。整幅经变的内容大致分成 5 组：1.中部主要由说法会及净有天神请问、三天女请问等画面组成；2.说法会的西侧为象王本生故事；3.西侧中部还绘有咏颂地藏名即可获取诸多功德的画面；4.西侧的上部及东侧上部表现的是地藏变化诸身，方便说法的情节；5.东侧及下方则基本表现的是关于十轮的相应章节。

莫高窟第 321 窟　地藏菩萨（左）

壁画中央的"释迦说法图"规模宏大，色彩鲜艳。佛陀端坐于莲台之上作说法印，菩萨、弟子分侍两侧，四周还伴有天龙八部、梵天、魔王等诸神，整幅作品蕴含浓郁的禅思一心的宗教气氛。佛陀的上方绘有珠网宝盖，周边众宝似甘霖普降，纷纷雨落。宝盖之上有一云海横贯全壁，如浪花般翻飞的云气中两只大手缓缓伸出，将圆镜似的宝珠轻轻托起。祥云上方则绘有一排十铺说法图，表示十方诸佛世界。

经变的东侧中部绘有一大杂院，因内容繁杂，意味深长，不由得令人驻足细赏。画面中，有农耕、围猎的劳作场景；有坠崖、鞭笞的苦难描述；有写经、造塔的敬佛之姿；也有打架、杀生的无理之态。这些作品或以反面教材劝说世人，或以形象描绘表现佛旨，不仅在佛教美术中具有独特的创新意义，更客观地反映了唐朝社会生活的点点滴滴。如大杂院左侧门外绘有二女子磨面劳作，其中的一位女子正在单手操作手推磨，而她手中的手推磨采用了当时较为先进的曲柄摇手，有效地减轻了作业者的劳动强度，这也为我们了解古代科技的发展提供了珍贵的研究史料。

莫高窟第 321 窟　磨面　　　　　　　　　莫高窟第 321 窟　打架

311

这幅经变画以山峦为背景，以说法为中心，结构宏伟，描绘细腻，为莫高窟山水经变的最早范例。画面中的山峰样式虽承袭了早期形制，但对于细节的描绘则趋于成熟、写实，山巅处以皴法的形式描绘出鱼鳞状线条的树木，山脚下泛着涟漪的河水静静地流淌。整幅作品以错落有致而又自然和谐的大青绿山水分割排布，使得这一时期壁画中人与山的关系趋于协调，显得空间感十足。

第 321 窟的十轮经变，无论是在艺术风格上，还是在宗教寓意上，都有着极其重要的意义。同时，它的出现也填补了初唐敦煌壁画中无地藏信仰的空白，进一步拓宽了敦煌学的研究领域，并为隋朝时期敦煌地区的三阶教和"末法思潮"的存在，构建了强有力的佐证和依据。

色相如天，
灿若众星

——初唐西方净土变

中国古代石窟中使用的青金石多产自阿富汗，
近代地质学奠基人章鸿钊在《石雅》中云："青金石色相如天，或复金屑散乱，光辉灿灿，若众星之丽于天也。"
这在中国古代象征上天崇高威严的青金石，在近一千六百余年的莫高窟艺术中的使用也贯穿始终。
它清丽、雅致、无瑕，让飞天的飘带、佛陀的背光、天空的澄明，都显得那么与众不同，
它是丝绸之路贸易的见证者，也是中西文化交流的明证。

莫高窟第 321 窟　北壁　西方净土变

中国古代石窟中使用的青金石多产自阿富汗，近代地质学奠基人章鸿钊在《石雅》中云："青金石色相如天，或复金屑散乱，光辉灿灿，若众星之丽于天也。"这在中国古代象征上天崇高威严的青金石，在近一千六百余年的莫高窟艺术中的使用也贯穿始终。它清丽、雅致、无瑕，让飞天的飘带、佛陀的背光、天空的澄明，都显得那么与众不同，它是丝绸之路贸易的见证者，也是中西文化交流的明证。

莫高窟第 321 窟 乐器不鼓自鸣（一）

莫高窟第 321 窟 乐器不鼓自鸣（二）

在莫高窟初唐第 321 窟北壁的西方净土变中，贵重的青金石装点了整个湛蓝的天空，在如此清澈的色彩中，飞天自由翱翔，菩萨翩然而至，乐器不鼓自鸣，连花幢、宝楼皆掩映其间。

《观无量寿佛经》中天乐不鼓自鸣的形式，最为引人瞩目，经文载："又有乐器，悬处虚空，如天宝幢，不鼓自鸣。"这一形式早在莫高窟隋代时期出现，直到唐代经变画上，无数的乐器飘飞于天空中，随风自鸣，妙音不断，美哉！壮哉！

"不鼓自鸣"这一词出自西晋竺法护译《普曜经》："其王宫里，空筷琴瑟，筝笛箫筋，不鼓自鸣，演悲和音。"其意指佛国世界处处有极乐仙音。这些不鼓自鸣的乐器，通常都绕有彩带，与飞天一起凌空飘舞。

第 321 窟北壁的这幅经变画中，不鼓自鸣的乐器种类多达 14 种 36 件，囊括了当时唐代社会中流行的弹拨类、吹奏类、打击类的乐器器型。这些乐器有来自西域的都昙鼓、答腊鼓、毛员鼓、羯鼓、琵琶等，也有出自中原的鼗鼓、箜篌、排箫、铙、琴、笙、筝、笛等。虽然它们并没有演奏者，但是却好似奏响了极乐之音，仙乐不绝于耳，让人们心旷神怡。

莫高窟第 321 窟　箜篌与排箫

莫高窟第 321 窟　古琴与鼓

　　画面的中部阿弥陀佛于树下说法，众菩萨天人围绕在其身侧。左右两侧的平台之上还各有一立佛于双树下，树上宝幢内各有宝楼阁。华盖、琉璃地、楼阁上还有许多的花幢，幢顶装饰摩尼宝珠。

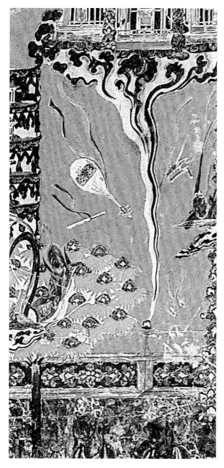

莫高窟第 321 窟　琵琶与横笛　　　　　　　　　莫高窟第 321 窟　楼阁建筑

　　左右两侧还绘制有一座歇山顶的楼阁，高二层、阔三间，上下层之间不设腰檐，这种建筑的画法只在初唐壁画中才能见到。下层斗拱挑出朱栏一周，上下层各柱子之间不设门窗墙壁，只在由额上悬挂帘幕，平台地面以花砖铺就，这与唐代习俗也基本相同。

画面下部的中央平台上，舞伎翩翩而起，乐伎鼓弦齐鸣。平台连接着分列两侧的小桥，桥下碧波荡漾，水纹细腻，富有动感与变化，有快速冲刷的竖纹，有回旋徘徊的横纹，有的平缓近似无波，有的是轻小漩涡。就在这或急或缓的池水中，有许多瑞禽嬉戏其间，池中坐在莲花里的化生童子和右侧楼阁里正扬手向外的倚柱天人，两两相对，相映成趣。

这幅壁画旨在描绘《观无量寿佛经》中的种种观想，但又不同于后期此种经变的形式，反而把经文中的十六观渗透到了整体的画幅之中。画师以沿袭流传甚久的阿弥陀经变画样为蓝本，通过再加工、再创作后，呈现了一种更新且更直观的表现形式。这幅壁画不仅仅描绘了人们内心深处的极乐圣境，更是初唐时期经变画中的杰出佳作。

千手观音的前身

——十一面观音像

十一面观音不仅是密教中最受欢迎的菩萨之一，

也是最早传入敦煌地区的密教观音造型，

它对之后相继传入的千手千眼、如意轮、不空绢索等观音图像产生了莫大的影响，

而这一影响与当时密教的兴盛以及显密融合的宗教背景有着密不可分的联系。

随着"开元三大士"不空等人的推波助澜，该题材在历代敦煌石窟中均有表现，

直到西夏时期，十一面观音仍作为广受欢迎的观音形象出现在敦煌诸石窟中，

并对研究中国古代佛教美术发展史有着积极的重要意义。

　　观音，因能随时随地观世间自在之音救助众生，故又名
"观世音"，世人常将其描绘成一位大慈大悲、充满人性的女
性形象。

　　在中国，观音信仰流传很早。据史料记载，早在三国时期
的吴地就出现了关于观音信仰的《法华经》(《法华经》一般指
《妙法莲华经》) 译本。但信仰最广、流行最盛的，还要数姚秦
时期的译经大师鸠摩罗什于弘始八年 (406) 所译的《妙法莲华
经·观世音菩萨普门品》。由于《法华经》的普及，观音信仰
也随之深入民心，莫高窟的很多观音图像就是依据此经绘制而
成的。

　　莫高窟最早的观音像作品见于西魏开凿的第 285 窟，但
密教观音形象却至初唐方始。这一时期，密教图像开始流行，
多头多臂的密教观音像也应运而生。在众多的密教观音题材
中，尤以圣观音、千手观音、马头观音、十一面观音、准提
观音以及如意轮观音为代表的"六观音"最负盛名，寓意观
音借此六种化身往来于六道轮回中，解救沉沦于无边苦海中
的芸芸众生。

　　由于武则天笃信佛教，故在她执政期间，除存在密典翻
译、密法传授等文献记载外，敦煌及敦煌以外地区还出现了
一批内容丰富的密教图像，十一面观音像即为其中的代表。
自唐代起，中国、日本的十一面观音信仰日趋繁盛，为密教
造像中较为常见的题材，如龙门、天龙山等石窟中均有该类

作品出现。甚至远在日本的法隆寺金堂内，也保存着一幅相当于我国初唐时期的十一面观音壁画，很显然这与当时频繁的中日文化交流有着密切的关联。

莫高窟第 321 窟大约开凿于武则天时期，东壁门北保存着一幅精美的观音画像，图中的观音呈十一面、六臂造型，为初唐原作。菩萨头分四层，自下而上呈三、五、二、一式分布，顶端一面为佛面，最下方中间一面戴化佛宝冠。六只手臂中，上面两只结印如兰花状；中间两只，左手结印，右手拈念珠；下面两只，左手提净瓶，右手执柳枝。主尊观音体态修长，面相俊美，肩上所披的宽巾自然地垂曳于地面，透体的罗裙上还装饰着雅致的四瓣小花。此外，左右两侧还各有一胁侍菩萨立于莲台之上，而作为背景的植物则酷似银杏。整幅作品敷彩艳丽，色泽如新，为前朝少见的新样式。因这幅观音像位于第 321 窟的东壁入口处，故推测还应有守护洞窟之功能。

十一面观音不仅是密教中最受欢迎的菩萨之一，也是最早传入敦煌地区的密教观音造型，它对之后相继传入的千手千眼、如意轮、不空羂索等观音图像产生了莫大的影响，而这一影响与当时密教的兴盛以及显密融合的宗教背景有着密不可分的联系。随着"开元三大士"不空等人的推波助澜，该题材在历代敦煌石窟中均有表现，直到西夏时期，十一面观音仍作为广受欢迎的观音形象出现在敦煌诸石窟中，并对研究中国古代佛教美术发展史有着积极的重要意义。

——彩塑刘萨诃瑞像

深山寂寂现圣容

佛教在最初的很长一段时间里并无偶像崇拜之风，

但随着佛教的对外传播，

特别是在北传途中的古印度犍陀罗(今巴基斯坦白沙瓦地区)等地受到了希腊

及中亚文化的深厚影响。

至此，佛教打破了传统观念，缔造出了既具印度文化元素，

又有希腊雕刻艺术特征的犍陀罗造像，

从而开创了佛塔、舍利及瑞像等形式的偶像崇拜之先河。

佛教在最初的很长一段时间里并无偶像崇拜之风，但随着佛教的对外传播，特别是在北传途中的古印度犍陀罗（今巴基斯坦白沙瓦地区）等地受到了希腊及中亚文化的深厚影响。至此，佛教打破了传统观念，缔造出了既具印度文化元素，又有希腊雕刻艺术特征的犍陀罗造像，从而开创了佛塔、舍利及瑞像等形式的偶像崇拜之先河。

瑞像，就是对佛教中的不同人物进行如实的模仿。它具有特定的形制，能显现神异，象征吉凶，并可替代像主实现传播佛法的目的。据《大唐西域记》及《诸佛瑞像记》等资料记载，因释迦升天为母亲摩耶夫人说法长期不归，优填王思念异常，命能工巧匠以檀木刻像聊以慰藉，此为佛教造瑞像之初始。敦煌石窟的佛教瑞像源于初唐而至于宋，瓜沙曹氏归义军政权统治时期作品尤多。

敦煌石窟中的瑞像种类很多，根据地域可分为"犍陀罗瑞像""于阗瑞像""凉州瑞像"等，莫高窟第203窟的刘萨诃瑞像即为其中的"凉州瑞像"。据传，后燕时期有并州（今太原）僧人刘萨诃，年少时家境殷实，精通武艺，喜好游猎，常以捕捉鸟兽为乐。一日宴请亲朋好友，席间酩酊大醉，昏厥倒地，时隔七日方才苏醒。起身后，即向众人描述了自己在地狱看到的种种酷刑。有僧人劝其出家，前往南方去寻找礼拜阿育王塔，以忏悔早年杀生之罪过。由此，刘萨诃出家，改名慧达。据史料记载，公元435年刘萨诃行至河西凉

莫高窟第 203 窟
刘萨诃瑞像

州番禾郡驻足不前，面向御容山礼拜，并预言此山将有大佛出现，若佛像完整，则天下太平，如有缺失，则天下大乱。说完继续西行，于次年 (436) 圆寂于酒泉城西七里涧。八十余年后，山中果有巨像显现，从而应验了刘萨诃的预言。关于刘萨诃瑞像，在莫高窟的第 203、302 窟中均有高浮塑造像保存。此外，第 332、231、72 等窟内亦有绘画作品呈现。

莫高窟第 203 窟，建于初唐。正面西壁圆拱形佛龛内存有高浮塑刘萨诃瑞像一尊，身长 3 米，依山而立。此像面相略方，眉目俊朗，肩宽胸平，袈裟斜披。佛像的右手下垂，手指纤细，掌心处还粘有一朵小团花；左手紧握袈裟贴于胸前，内着红色僧祇支。背后的身光绘团花、火焰等纹样，周边的白色山峦则以青、绿、赭、黑等诸色晕染。主尊的两侧还各塑有菩萨一身，发髻高耸，面相丰圆。该窟一改以往主尊的固定模式，而以瑞像题材取而代之，为敦煌佛教彩塑作品中罕见之特例，刘萨诃备受河西民众崇拜的事实也由此窥见一斑。

佛教自两汉之际传入中国以来，就不断地与中国传统的思想理念、风俗习惯相融合，以满足不同社会阶层的信仰需求。同时，这一现象的存在也拉开了长达上千年的佛教艺术中国化的历史大幕，而内涵丰厚、形制多样的佛教瑞像即为这一进程中的特殊产物，并对中国传统文化和艺术形态产生了非常深远的影响。

——思惟菩萨像

得心自在

"思维"是人类共有的心理活动，呈现的是内心的自信与安宁，

在西方美术同类题材中，也有很多关于思维的形象，

例如：罗丹的《思想者》、米开朗琪罗的《先知耶利米》等，

但其所传达的情感却大为不同。

反观佛教的思惟造像，强调了菩萨作为觉悟者的神性，

体现出一种超越俗世的宁静与解脱，这也是中国文化幽静玄远的神韵所在。

有一种佛教造像，在莫高窟中它的数量不多，流行时间也并不长，但其艺术性却备受瞩目。它就是思惟菩萨像。

两尊思惟菩萨出现在莫高窟初唐第71窟北壁西方净土变中。

敦煌莫高窟共保存了215铺西方净土变画作，第71窟的也是其中的代表画作之一，依据《观无量寿佛经》的记载，绘制了"树上生宝楼阁""不鼓自鸣""九品往生"等内容。虽然这幅壁画曾被熏黑，但在20世纪70年代，通过敦煌研究院的保护专家们精心修复，还原了唐代时的状态。

画面正中为阿弥陀佛于树下讲法，周围环绕八位坐于琉璃地面的胁侍菩萨。绘画线条疏密有致、稳健有力，色彩浓淡变化艳而不俗，将人物的精神气质清晰刻画出来，也体现了净土世界的自由、闲暇。

莫高窟第71窟
西方净土变之思惟菩萨

其中两位菩萨的姿态较为相近，一身是阿弥陀佛座下左侧的菩萨，他头戴宝冠，梳高髻，青发分披双肩，左手托腮，右手抚膝；另外一身为佛座右侧的菩萨，姿态自然，左手叉腰，右肘依托于右膝之上，右手支颐沉思。

从两身菩萨的外表的宁谧，可以看出其内心的澄净。他们通过一系列头、手的配合，如：托腮、抚膝、侧目等，把"思维"这一心理活动，具象化地表现出来，并进一步诠释出了思维所代表的不安、思念、忧愁等，这样姿态的造像形式在佛教艺术中也被称为"思惟像"。

在印度，早于佛教造像之前，就已经出现了魔罗思惟像。在犍陀罗佛教造像中，表达"思维"的人物载体更是多种多样，有佛陀、佛母、外道、菩萨等。当佛教造像艺术流传到中国后，各个历史时期呈现出多种不同的艺术造型，敦煌莫高窟也不例外。不过，有关"思惟"的形象，在唐代以后就再也没有出现了。相比较而言，"思惟菩萨"在佛教造像中数量不多，流行时间也不长。

"思维"是人类共有的心理活动，呈现的是内心的自信与安宁，在西方美术同类题材中，也有很多关于思维的形象，例如：罗丹的《思想者》、米开朗琪罗的《先知耶利米》等，但其所传达的情感却大为不同。反观佛教的思惟造像，强调了菩萨作为觉悟者的神性，体现出一种超越俗世的宁静与解脱，这也是中国文化幽静玄远的神韵所在。

盛

唐

千岩泉落，
万壑树萦

——壁画中的青绿山水

唐代是山水画大变革的时期，
画史上记载和保留下来的山水画以青绿色彩为主，
这样的山水画也被称为"青绿山水"。

唐代是山水画大变革的时期，画史上记载和保留下来的山水画以青绿色彩为主，这样的山水画也被称为"青绿山水"。

唐初著名画家李思训（651—716）以画青绿山水著称，《历代名画记》曾记载"其画山水树石，笔格遒劲，湍濑潺湲，云霞缥缈，时睹神仙之事，窅然岩岭之幽，时人谓之大李将军"。从中我们可以看出李思训山水画的特点：注重线条勾勒，色彩明亮。这样的山水画在唐代非常流行，敦煌唐代壁画山水图自然也受其影响，莫高窟第 217 窟南壁青绿山水堪称其中经典之作。

据专家考证，第 217 窟约建于初唐与盛唐之交，正是尊胜信仰开始流行的时期。严格说来，第 217 窟南壁西侧所绘不是尊胜经变，而是根据《尊胜经》前面的"经序"绘制的佛陀波利事迹画。"经序"部分的故事在观不尽的青绿山水间中得以展现，山峦上不同色彩的铺设渐变，增强了层次感，树木刻画也更饱满。这幅画的山山水水凸显出勃勃生机，充分体现出唐代在空间表现和绘画艺术方面的新成就。

《尊胜经》在 7 世纪 70 年代开始翻译为汉文，该经提倡将佛顶尊胜陀罗尼"安高幢上，或安高山，或安楼上，乃至安置窣堵波中"，就能解除灾难，相比于建造洞窟和建造寺院，这种实物供养方式将解脱苦难与死亡的方法具象化，别具一格，所以深受欢迎。

7 世纪晚期以后，刻有经文和陀罗尼的经幢遍布中国。敦煌的尊胜经变有 8 铺，分布在唐前期的第 23、31、103、217 窟，晚唐张议潮功德窟第 156 窟，五代晚期至宋初的第 55、169、454 窟。

画面的顺序大体是上部从右至左，下部再从左至右。右上角是危崖耸立，绘二人骑马一远一近行进。透过山崖，可见远方曲折流淌的河流。中部两座高峰之间，有一道瀑布涌泻而下。左部也是一条曲折的河流，在近处被山崖遮断。山峦近大远小的布局，使画面显得深远辽阔。

莫高窟第 217 窟　山间骑马人

　　左侧一组山峰峭壁耸立，山岩刻画细致，以石绿和浅赭相间染出。中部是一组平缓的山丘，与左侧的山崖相映成趣，右上一组点睛之笔，山上绘有飞流而下的瀑布（水的颜色已变黑），引人注目，充满生机。在两组山崖之间还画出一行大雁飞向远方，使画面显得较有纵深感。画面最上方，绘出绵延曲折的"之"字形河流，进一步加深了空间纵深感。

莫高窟第 217 窟　山间行旅

整幅山水画浑然天成，爽朗而颇有意境：山峦青翠、河流蜿蜒，风吹柳摆，山花烂漫，行人自远而近穿行其间，一派春游景色。大块的石绿色，体现出春意盎然的情调，其中白色的梨花、红色的桃花，多着红色衣服的人物，在青绿色的山水中显得耀眼夺目。

盛唐艺术之繁荣，诚如张彦远在《历代名画记》"叙画之兴废"篇中所云："圣唐至今二百三十年，奇艺者骈罗，耳目相接。开元天宝，其人最多。"敦煌莫高窟第217窟南壁的青绿山水，完美展示了大自然的时光山水。千年前画匠用独一无二的审美，画出了他们心中的深邃渺冥世界，令人遥思无垠。

莫高窟第 217 窟　瀑布

灿烂佛宫

—— 第 217 窟观无量寿经变

净土的洁净、美好和祥和总带给人们无限美好的遐想。

净土作为佛教的彼岸世界观，随大乘佛教的盛行而产生。

佛教的净土很多，其中最有名的，影响最大的就是阿弥陀净土，

也被称为西方净土。

净土里的众生没有烦恼痛苦，只有幸福快乐，

所以这样的世界又被称为"极乐世界"。

阿弥陀净土的管理者是无量寿佛，也就是阿弥陀佛。

信徒只需称其名号，临终的时候便可往生净土，

所以修行方式的简单化也使得阿弥陀信仰深入人心。

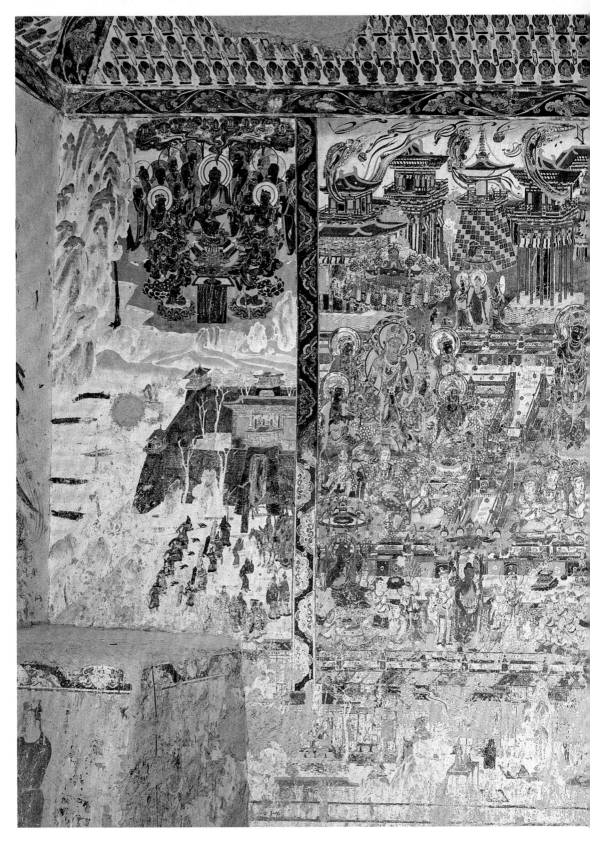

莫高窟第 217 窟　观无量寿经变

343

净土的洁净、美好和祥和总带给人们无限美好的遐想。净土作为佛教的彼岸世界观，随大乘佛教的盛行而产生。佛教的净土很多，其中最有名的，影响最大的就是阿弥陀净土，也被称为西方净土。净土里的众生没有烦恼痛苦，只有幸福快乐，所以这样的世界又被称为"极乐世界"。阿弥陀净土的管理者是无量寿佛，也就是阿弥陀佛。信徒只需称其名号，临终的时候便可往生净土，所以修行方式的简单化也使得阿弥陀信仰深入人心。

第217窟的观无量寿经变所描绘的净土以阿弥陀佛为中心，画面庄严华丽，气势恢宏，充分显现出极乐世界祥和安乐、歌舞升平的景象。画面中观音菩萨下方有几个正在嬉戏的裸体童子，他们的天真烂漫给肃穆庄严的净土增添了勃勃生机，也给人以"送子观音"的联想。

画面里的亭台楼阁也标志着莫高窟初唐与盛唐建筑画的分野。它的特点在于重新诠释了建筑美，而且进一步探索如何表现建筑和人物的关系，如何形成意境，并力求使人物与建筑的关系协调，使建筑群显得庄严华丽的同时，也能够让楼阁中人物显得生动活泼。这一气度非凡的梵宫琳宇，正中和左右端各有一座楼阁，在它们之间对称地安置了六座高台，有两座是砖台，四座是竖楼式木台，台上都设有方亭或歇山顶的小亭。整个建筑群横向以通长的折廊相连，组成了高低起伏的天际线。

为这些凝固的乐章平添生气的还有敦煌的飞天。画面中她们长曳的飘带和婉转轻逸的流云所呈现的曲线美，与建筑的梁、枋、柱、檐方正的直线形成对比，流动和凝重互映，让我们大饱眼福、流连忘返。

莫高窟第217窟　亭台楼阁

莫高窟第217窟　飞天与流云

　　这幅观无量寿经变中的山水也是令人瞩目的，尤其是对佛经中日观想的呈现，画面描绘韦提希夫人跪在方毯上，虔诚地观看远方的落日，身后还有空幽的竹林，透过竹林可以看见一片绵延的山峦。右上方用几道横线和一些三角形的小山表示遥远的天际，太阳虽然已经落在山边，却依然放射出五彩的光芒。而对水想观的呈现，则在东侧画一条小河曲折地流着，韦提希夫人跪在岸边的方毯上正在观想，她身后是绵延不绝的山峦，河对岸则是高高的悬崖和岩石间垂下的条条藤蔓，小河的流水潺潺，近岸的水草历历可见。

　　古代的山水画家认为水好比是血脉，山有了水的配合，就显得活泼而充满了生机。这幅山水小景正体现了这一点，山的雄奇与水的婉约，构成了宁静悠远的意境，岩石上点缀的青藤和水边的小草相呼应，使得画面情趣倍增。

　　鲁迅先生曾经说，"在唐，可取佛画的灿烂"。这幅辉煌的艺术精品所散发出的迷人光彩不仅体现了盛唐壁画深厚宏大的艺术精神，也让我们时隔千年之后依然能够张开思想的翅膀，发挥充分的想象，徜徉在山光潭影、楼台耸碧的净土之中，观想着绵延千年的灿烂佛宫。

释迦的日常

——莫高窟最早的『金刚经变』

"凡所有相，皆是虚妄。若见诸相非相，即见如来。"

"过去心不可得，现在心不可得，未来心不可得。"

"一切有为法，如梦幻泡影，如露亦如电，应作如是观。"

莫高窟第 217 窟
金刚经变

"凡所有相，皆是虚妄。若见诸相非相，即见如来。"

"过去心不可得，现在心不可得，未来心不可得。"

"一切有为法，如梦幻泡影，如露亦如电，应作如是观。"

这些耳熟能详的佛家偈语皆出自《金刚经》，全称为《金刚般若波罗蜜经》。此经从东晋到唐代共有六个译本，其中以鸠摩罗什所译的《金刚波罗蜜经》和玄奘所译的《能断金刚般若波罗蜜经》最为流行。《金刚经》主要讲述大乘佛教的空性与慈悲精神，采用释迦与须菩提及众弟子的问答形式来记录，全经共有 32 品，约 3000 字，在中国各地广为流传，更是被禅宗奉为经典中的经典。

《金刚经》的流布形式多种多样，较有代表性的有敦煌藏经洞文献和石窟经变画。藏经洞共出土了两千余件（共 3737 号）的《金刚经》写本，其中最为经典的是唐咸通九年（868）雕版印刷品《金刚经》。这部作品首尾完整、印刷清晰、着墨均匀，堪称印刷史上的活化石。

据《历代名画记》记载，吴道子曾在兴唐寺画过金刚经变，公元 735 年唐玄宗在长安兴唐寺御注《金刚经》，由此可见唐长安颇为流行金刚经变。在莫高窟统计，迄于唐代的金刚经变保存有 20 余铺，这足以说明了敦煌佛教艺术和中原佛教艺术的同步性。

盛唐第 217 窟佛龛顶部绘有莫高窟最早的金刚经变。此处经变着重绘制了《金刚经》第一品——法会因由分，画面情节完整、构图严谨细腻，人物线条清晰流畅，衣着用色大气磅礴，虽受千年风沙侵蚀，颜色却历久弥新，深深地印刻在每一位观者的心中。

《法会因由分》的情节
为：舍卫城乞食、还至本处、
释迦洗足、释迦坐于莲座、
释迦为四众说法。这些情
节分别绘制于中部说法图
的右侧。

莫高窟第 217 窟　舍卫城乞食

释迦携众弟子去舍卫城
乞食，域外的舍卫城变成了
鸱吻屋脊、红砖绿瓦的中国
城池。面对释迦的三位披帛
高髻的女子也正于城外或跪
或倚，虔诚敬佛。当佛陀乞
食，还至本处用餐后，要清
洗脚底所沾染的泥土，弟子
则在两侧端举着浣洗用具。

莫高窟第 217 窟　释迦洗足

在释迦为四众说法的画面中，比丘、比丘尼、优婆塞、优婆夷皆双手合十，虔诚恭敬地跪拜于释迦两侧的方毯之上，释迦居中结跏趺坐于莲花宝座上，为众生解惑说法。

《金刚经》的《法会因由分》讲述了释迦每天的日常之事，在我们看来也确实是再平常不过，但是也正是这些平淡如常的生活，才体现了释迦真实修持的境界。这恐怕也是《金刚经》开篇的特别之处，万物有生就有灭，所以只有放下一切外在的相，才能真正成就般若的智慧，不依靠外在的力量，以自性本心来修行，从平实中找到生命的本源、人生的意义。

—— 盛唐飞天

清音袅袅，
曼舞翩跹

飞天作为佛国世界中的精灵，

以其风姿绰约的独特魅力，风格多样的呈现形式和千姿百态的艺术造型，

为庄严肃穆的佛教殿堂，增添了自由豪放的诗情画意，

犹如来自佛国世界的皎洁月光，照耀着人间的风雨沧桑，滋润着人们对理想生活的追求，

以及对一切美好事物的向往。

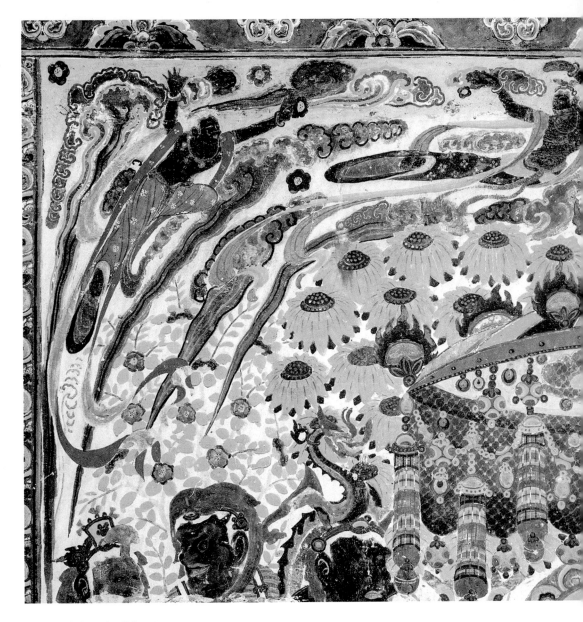

莫高窟第 320 窟　散花飞天

在佛教艺术中，广义的"飞天"是指佛陀的护法、天龙八部等飞行的诸神。狭义的"飞天"是指乾闼婆和紧那罗等礼佛赞佛、歌舞散花的天神。我们通常所说的飞天就是佛陀八部护法中的两部，即乾闼婆和紧那罗。"乾闼婆"和"紧那罗"为梵文的音译，意译为"天歌神"和"天乐神"，飞天就是对两位天神的合称。

飞天的形象从印度经西域传到中国，经过1000多年的演变和发展，形成了中国化的造型，更符合中国的审美标准。敦煌地接西域，自佛教传入敦煌，开凿石窟起，飞天就是画师们着力创作的形象，其形象演变与敦煌石窟的盛衰相伴始终。而相较于印度飞天，敦煌飞天则更加注重美学表现和艺术呈现，从身形衣着到整体形象气韵，都散发着中国审美的气象。

莫高窟盛唐第 320 窟南壁的《大方等陀罗尼经》，经变上部绘制了四身姿态优美的散花飞天，这是盛唐时期最具代表性的飞天形象之一。这四身飞天，以菩提宝盖为中心，分左右两组，相对而出。尽管年代久远，其眉目轮廓已变成深褐色，但体态线条依然清晰可见。

画面左边这一组飞天，长长的衣裙，紧贴着身体，身体曲线优美，飘带婉转飘逸，整体形象潇洒自如。前面一身飞天头梳双丫髻，双手上举，正在散花，头转向身后，与后面一身飞天四目相对、互相呼应，体态自然舒展、轻盈曼妙。后面的飞天似乎心领神会，昂首振臂，奋力追赶，一腿上提，一腿后蹬，身体舒展有力，飘逸灵动，一静一动呈现出富有戏剧性的对比画面。

这四身飞天均裸露上身，身着华美的锦裙，双脚隐于锦裙当中，体态简约而完美，构图精妙而和谐。画家通过左右对称式构图，展示出平衡、稳定、相互呼应的画面感。左右两组飞天又表现出动静结合、张弛有度的审美情趣，使整个画面呈现出自由奔放，肃穆灵动，严肃活泼的气场和氛围。

飞天作为佛国世界中的精灵，以其风姿绰约的独特魅力，风格多样的呈现形式和千姿百态的艺术造型，为庄严肃穆的佛教殿堂，增添了自由豪放的诗情画意，犹如来自佛国世界的皎洁月光，照耀着人间的风雨沧桑，滋润着人们对理想生活的追求，以及对一切美好事物的向往。

亲和之美

——第 45 窟七身彩塑

塑像是一种非常神奇的艺术表现形式，

它能够展现出一个社会的文化气息。

站在塑像的面前，无需担心语言是否相通，通过作品的点点滴滴，

即可一窥它生活的时代，

并"聆听"它静静地诉说往事。

莫高窟第 45 窟　群塑

塑像是一种非常神奇的艺术表现形式，它能够展现出一个社会的文化气息。站在塑像的面前，无需担心语言是否相通，通过作品的点点滴滴，即可一窥它生活的时代，并"聆听"它静静地诉说往事。

由于敦煌独特的地质结构，莫高窟没有石雕佛像，窟内造像均为彩塑，然多已毁失，侥幸留存下的两千余身，其间也大多经过了后代重修。

莫高窟第45窟建于盛唐时期，正面西壁开一敞口龛，龛内彩塑七身，保存完好，唯龛外两侧像台上的力士已然无存。

群像中央的主尊佛陀，头顶肉髻，脸型丰圆，鼻梁直挺，两眼细长。细心观察会发现，嘴唇的周边还绘有浅浅的绿色胡须，有意思的是，这些胡须并非像中原汉族男子的八字胡、山羊胡那样向两边径直延展，而是呈蜷曲状。这或许与敦煌地处边陲，深受西域文化的影响有着密切的联系。佛陀的身上穿着袈裟和僧祇支，由于佛陀身处佛座之上，故原本合体的袈裟在这一刻略显繁长。工匠们将它们置于佛座之上，任其自然垂向四周，通过一层层褶皱的如实刻画，将衣物的细腻丝滑之感拿捏得精准无误，恰到好处。这对于身处丝绸之路，对丝绸习性无比熟悉的敦煌工匠们来讲，可谓是信手拈来、毫不费力。

莫高窟第 45 窟　释迦像

对佛陀眼神的处理，也是古代艺术家们着重思考的一个问题。他们舍弃了无礼的仰视和毫无创意的平视，以微微俯视的目光取而代之，使佛像在庄严之余更具备了亲近平和之感。工匠们如此这般的"别有用心"，其实还有另一个原因，那便是刻意迎合信徒们礼拜的需求。古代的善男信女们在进入石窟之后，一般都会进行一系列的佛事活动，但比起焚香、供养来说，礼拜与许愿可能才是来到这里的真正目的。为了表达自身的虔诚之心，信徒们往往都会俯跪于佛前，奉上自己最诚挚的敬意，这样一来，自然放低了身段。当信徒们再次抬起头聚焦于佛陀之时，可以想象那一道道乞怜的眼神将会与佛陀俯视的慈祥目光无比地契合，他们目光接触的刹那，相信已经完成了人神交汇的重要过程。

佛陀两侧矗立着年老的迦叶和潇洒的阿难，迦叶的庄重练达、阿难的聪明睿智无不代表着佛陀座下众多弟子的鲜明性格。弟子身旁的两身菩萨斜披天衣，璎珞系颈，肌肤如玉，身姿曼妙，全身作"S"形扭曲，极具女性的妩媚之态。其实，佛教初传中国时，菩萨多偏向以体格刚健的男性形象示人，最具标志性的恐怕就是唇边那隐约可见的胡须了。但随着中国

莫高窟第45窟　菩萨

百姓对菩萨的慈悲和善与女性的温婉贤淑较为接近这一认识的提升，菩萨在佛教艺术中国化的进程中被国人不断赋予了温润、香软的女性特点，这才有了诸如"菩萨如宫娃"的形象比喻。与弟子、菩萨像相比，两尊威武勇猛的天王在大体相同的姿态下，也表现出了各自独有的造型特点。南侧天王嘴唇紧闭，怒不可遏；北侧天王，横眉怒目，张口叱喝。两者皆头束高髻，昂首挺胸，两手叉腰，挺然而立，实为威风凛凛、能征善战的唐朝武将的真实写照。

纵观第45窟彩塑，佛陀的庄严肃穆，弟子的谦逊恭谨，菩萨的慈眉善目，天王的威武雄健，可谓无一雷同、妙趣横生。它们无论是群体关系还是衣饰、动态，均采用了周密布局、精细打磨的处理方式，表现出唐朝佛教造像高度的艺术功底和深厚的文化内涵。与追求沉思静穆的北朝、隋朝相比，这一时期的佛、菩萨像身上突出显现了追求人性化的特点，与人等高的规模以及无比逼真的表现手法，都让唐朝的彩塑作品流露出了一丝率直随意的亲和之美。

菩提水中月，慈悲度世间

——盛唐的观音经变

敦煌艺术中的观音变相，
形象地反映了中国古人的观音信仰、艺术审美、哲学思想和道德观念。
而莫高窟第45窟南壁绘制的这幅观音经变，
更是将中国古人对观音信仰的情感和思想观念表现得淋漓尽致。

莫高窟第 45 窟　法华经变之观世音菩萨普门品（观音经变）

《法华经》第二十五品《观世音菩萨普门品》中塑造了一位无所不能，具有神通力的观世音菩萨。观世音菩萨能随时随地观世间自在之音救助众生，只要咏念其名号，观音就能"观"到此音声，寻声前来拯救，使众生离苦脱难，并且能够根据众生的要求，现三十三身为众生说法。这显示出观音超越时空，神通广大的本领，因此对于观音的信仰深入人心，也被人们广泛传播。后来有人将《观世音菩萨普门品》从《法华经》中摘出来成为单行本，这就是后世所称的《观世音经》。

随着佛教在中国的传播，观音的形象和经文内容得以广泛传播，并迅速发展，在民间就有"家家弥陀佛，户户观世音"之说。敦煌石窟中也绘制和塑造了大量的观音形象，《法华经》中的《观世音菩萨普门品》和独立的观音经变共29铺，其中绢画7幅，纸画5卷，绘制时间起于隋代，盛于唐，五代，宋，下迄西夏，历时六百余年。

莫高窟盛唐第45窟南壁绘制的观音经变就是当时大环境影响下的一幅佳作。艺术家们在一整面墙壁上精心构思了一幅完整的观音经变。这幅经变规模宏大，构图思路和格式简单明了，画面以主尊为中心左右对称，中央画一身观音菩萨立像，观音菩萨面相丰满圆润，神态端庄，温婉慈祥，其两侧绘制了"三十三化身"和"救诸苦难"的画面。

壁画右上方绘制了信众求男求女的画面，表现的是观音菩萨能应众生的请求，给众生以"福德智慧之男"和"端正有相之女"。画面中绘制了一位身着红衫绿裙，肩披蓝色帔巾，双手抚摸腹中胎儿的孕妇。孕妇身旁站立着一位小女童，另一旁站立着一位小男童，女童虔诚地合掌祈祷，男童正仰头注视着身旁祈祷的男子。画面把人们求男盼女的渴望心情和男童女童天真可爱的神态，表现得恰到好处。在封建时代，这对传统的儒家思想和孝道观念影响下的人们，无疑具有强烈的诱惑力。古代艺术家在描绘这一场面时，虔诚地尽力美化，使画面尽善尽美。

莫高窟第 45 窟　求男求女画面　局部

画面右下方绘制的罗刹难中，大海上，海船遭到风浪袭击，颠簸起伏，狂风把风帆吹成半圆形，漂向罗刹国。船上的旅客们，惊骇得目瞪口呆，手足失措；舵工镇静沉着地把舵，船工奋力地撑船；船上商人合掌口念观音名号。海中的恶龙怪鱼，扑向海船，海岸边罗刹恶鬼，手舞足蹈对着海船狂呼乱叫。这幅画面生动地把遇难众生惊慌不安、栗栗危惧的神态，表现得淋漓尽致，与岸上罗刹鬼因有人肉可食而得意忘形的形象，形成了鲜明的对照，增强了画面的真实感和感染力。

莫高窟第45窟　罗刹难画面　局部

画面右侧下方，一座圆形城堡式监狱中，一位犯人脖颈戴着枷械，手足戴着枷锁，蜷缩在牢狱中，满面愁容，他默念观音，乞求解脱。监狱外，身穿红色长衫与白色长衫的犯人被观音解救后，走出监狱，枷械和枷锁被打碎遗弃在地上。出狱后的二人，面带喜气，得意扬扬，昂首挺胸，此神情与牢狱中时相比大不一样。画面正是通过前后正反对比的描绘，更好地表达了经变的主题。

莫高窟第45窟　　牢狱难画面　局部

敦煌艺术中的观音变相，形象地反映了中国古人的观音信仰、艺术审美、哲学思想和道德观念。而莫高窟第 45 窟南壁绘制的这幅观音经变，更是将中国古人对观音信仰的情感和思想观念表现得淋漓尽致。

观音信仰不仅使社会各阶层的广大信众得到一种精神上的慰藉，也表达了人们对另一种超越世俗、超越人间的无上力量的认可。观音信仰不需要繁杂的修行程序和宗教仪轨，极其方便易行，因而吸引了社会各阶层的信众，使其信仰得到广泛传播，深深地根植在广大信众心中。

历史的年鉴

——观无量寿经变里的中国古建

"建筑是凝固的音乐",18世纪德国的著名诗人歌德对建筑的魅力做出了这样的评价。

建筑记录了一个时代的背景,更是时尚艺术与实用艺术的有机结合。

由于诸多的历史原因,国内保留下来的唐朝之前的古建筑,特别是木制建筑,

除五台山佛光寺等少数实物外,几乎难寻踪迹。

这幅壁画真实地再现了唐朝建筑的历史原貌和发展水平,

为我们研究中国古代建筑的立面形态、框架结构,乃至瓦作、木作、梁柱、门窗、台基、栏杆

等细节方面都提供了不可多得的影像资料。

它弥足珍贵,堪称敦煌壁画中的瑰宝。

日本京都　平等院

在东邻的日本京都，至今保存着一座闻名遐迩的寺庙——平等院。它建于公元1052年，据说是古代日本人对西方极乐世界的极致具体实现。其中最出名的凤凰堂，其造型更是应用在了当下日本的10元硬币上，不可谓不珍贵。

然而很多人可能并不知晓，就在该建筑破土营造的300年前，位于中国西北，深处大漠的敦煌工匠们其实早已付诸行动，他们将心中憧憬已久的极乐盛景一丝不苟地描绘在了那灿如繁星的石窟之内。倘若要说其间最亮的星是哪一颗，或许当数这一讲要介绍的第172窟。

莫高窟第172窟开凿于盛唐，因受到这一时期净土宗的影响，主室南北两壁各绘有一铺观无量寿经变，虽然题材相同，但风格却大异其趣。较之南壁壁画的柔和明快，北壁壁画则显得更加庄重深沉，而画面中那些美轮美奂的建筑更是令人叹为观止，拍手叫绝。由于该壁经变中的建筑画较为明显地参考了唐朝建筑的造型艺术，故存在着以下几个显著特点。

首先，与西方高大雄伟的独体建筑有所不同的是，中国古建筑偏重于组合搭配之美。画面以一座气势磅礴的中国式庭院建筑为背景，表现了佛国世界的美好景象。正中上方绘有两座单檐庑殿顶的佛堂，前殿为单层，后殿为双层。大殿的两侧各置歇山顶单层配殿一座，其左右又各有一座二层楼阁相随。左右回廊转角处，还分别设有一座二层角楼，与佛殿、配殿共同构成五凤楼的格局。主殿前方有大平台，中央绘无量寿佛，菩萨弟子们如群星拱卫一般环绕其间；比邻的三座小平台上，一对舞伎在两侧乐队的伴奏声中翩翩起舞，曼妙的舞姿不由得让人联想起昔日徘徊于长安街头、酒肆的胡姬；下方还有五座小平台，迦陵频伽、共命鸟等瑞禽齐聚于此，繁华之景尽显无遗。这些平台之间以小桥相连，小桥之下莲花朵朵，化生童子从中涌现。画面中的平台、楼阁等建筑物均坐落于烟波浩渺的水面之上，构思巧妙、排序井然。

莫高窟第 172 窟
观无量寿经变之建筑

　　其次,从样式上看,它遵循了中国古代传统建筑一个重要的格局要求——对称,如果能够将这幅画对折的话,两边的建筑几乎能够达到完全的重合。在中国,无论是建筑的布局,还是物件的摆放,自古就有讲究对称的习惯。放眼当下存留下来的这些古代建筑,除个别的园林建筑刻意地规避对称原则,无论是北方京派建筑的四合院、晋派建筑的大院窑洞，还是南方闽派建筑的土楼、徽派建筑的祠堂牌坊，均能寻觅到对称的影子。

再者，从构图上看，整幅画面透视深邃。中部大殿为建筑主体，以仰视的视角，凸显其高大雄伟的特点；两侧的配殿低于大殿，以俯视的视角，利于表现其广阔的延展性；而后部的楼阁则采用了较为温和的平视角度。在庭院的外侧还画有一条蜿蜒流淌的大河，它穿过宽阔而平坦的丘陵，最终消失在了那遥远的地平线上。如今，当我们站在洞窟中去欣赏这幅作品中的建筑时，无论从哪个方向、何种高度，都能拥有不一样的视觉感受。由于存在着多角度的处理，使得观赏者的视点大致集中在了中轴线偏上的部位，故整幅画面略带有一点点"焦点透视"的味道，让人感到真实而又亲切。虽然这种构图形式还不能够称得上完全意义的透视，但在公元8世纪便出现这样的作品，这不得不让今天的我们感叹古人智慧的无穷。而西方美术作品中类似效果的出现，则是14世纪的文艺复兴以后了。

"建筑是凝固的音乐"，18世纪德国的著名诗人歌德对建筑的魅力做出了这样的评价。建筑记录了一个时代的背景，更是时尚艺术与实用艺术的有机结合。由于诸多的历史原因，国内保留下来的唐朝之前的古建筑，特别是木制建筑，除五台山佛光寺等少数实物外，几乎难寻踪迹。这幅壁画真实地再现了唐朝建筑的历史原貌和发展水平，为我们研究中国古代建筑的立面形态、框架结构，乃至瓦作、木作、梁柱、门窗、台基、栏杆等细节方面都提供了不可多得的影像资料。它弥足珍贵，堪称敦煌壁画中的瑰宝。

清风徐来万象新

——第 194 窟九身彩塑

盛唐时期是中国彩塑艺术的巅峰时代，

也是艺术与技术融合最完美的时代，

它所展现的艺术气息和精神气度是后世无法企及的。

莫高窟第194窟建造于盛唐晚期，

西壁龛内塑一身倚坐佛，和二弟子二菩萨二天王，

龛外两侧设像台，各塑力士一身，全部九身塑像完整无缺，

是盛唐彩塑的代表作品。

盛唐时期是中国彩塑艺术的巅峰时代，也是艺术与技术融合最完美的时代，它所展现的艺术气息和精神气度是后世无法企及的。莫高窟第 194 窟建造于盛唐晚期，西壁龛内塑一身倚坐佛，和二弟子二菩萨二天王，龛外两侧设像台，各塑力士一身，全部九身塑像完整无缺，是盛唐彩塑的代表作品。

龛内南侧的立像菩萨，面部圆润素洁，曲眉丰颊，双目凝神下视，嘴角深陷，略含笑意，菩萨表情娴雅含蓄，端庄秀美。这身菩萨头绾双鬟髻，身体轻盈左倾，左臂半举，右臂轻垂，身着圆领团花半袖衣，腰带轻束，长裙覆脚，微妙而自如的动态与庄静温婉的性格和谐地融于一体。

菩萨衣饰色彩清淡，衣裙纹样繁复，富有织锦、刺绣的华美质感。长而细的披帛缠绕双臂，让菩萨仿佛置身于云端，仙衣飘逸，体现出超凡脱俗的美感。长裙因动势而垂曳的衣纹簇集成优美的弧线，形成了华丽富贵的情趣，装饰感极强。长裙上卷曲婉转的蔓草和浓艳饱满的团花，使人联想到"蔓草见罗裙"这句唐代诗人的佳句。

佛龛南北两壁外侧各塑立像天王一身，南侧天王体格健壮，身着云肩绣铠，铠甲上用石青、石绿绘石榴卷草纹，显得明亮富丽。天王左臂上抬，头部朝外，足踏山石，挺胸分腿而立。他头绾高髻，面貌丰润，浓眉细眼，启唇露齿，白色面部用流畅的赭色线画出了细软、蓬松、飘动的胡须和腮边，显得面部肌肉格外饱满，笑容可掬。这身天王像突破了凶神恶煞的单一形式，着意刻画了含笑的面部表情，流露出武将豪爽、憨厚的性格。

北侧天王身披全副铠甲，两臂摆出防范姿势，一副雄健英武之姿。他全神贯注地盯视前方，警觉防范之心溢于言表。在细节上，天王全身皮肤呈红褐色，其面部五官的塑造在正常比例基础上又进行了一定的夸张，鼻梁上因皱眉而涌起一道肉棱，怒目圆睁，透出凛然慑人的目光。加之紧张的鼻翼与紧闭的双唇，在神态上强调了天王异乎常人的威武。无论是对天王躯体的塑造，还是对甲胄服饰的刻画，工匠们都注重了立体感。他头戴护耳兜鍪（头盔），身穿铠甲和作战长裙，护肩和护肘一应俱全。可观的体量表现出天王威武的金刚之躯及不可抗拒的力量。这种夸张而浓重的刻画和天王的身份职责息息相关。

龛外南北两侧设像台，台上各塑力士一身，他们皆裸露上身，肌肉突起，或怒目而视，或张口叱咤，造型夸张，雄健有力。南侧力士像肌肤呈红色，昂首挺胸，举臂抬肘，嘴唇紧闭，横眉怒目，表现出凶猛蛮横的性格。北侧力士像肌肤呈白色，脚踏山石，扬掌挥臂，竖眉瞪眼，张嘴欲吼，表现出威武豪迈的性格。

匠师通过头、胸、下肢三段动作的变化和肌肉的突起和紧张，体现力士向外迸发的无尽力量，形成一种强烈的韵律和节奏，以此充分表现力士的力大无穷，气拔山河的精神风貌。匠师还将晕染的技法用于体现北侧力士人体结构的起伏，以赭红色染其凹陷之处，突出其阴阳明暗，增强

莫高窟第 194 窟
力士

人体肌肉的立体感和真实感，这样人物内心世界与整体动态和谐协调，形态饱满凝练，足见唐代匠师高超的塑造技艺和深厚的艺术造诣。

　　盛世的唐朝，它以海纳百川、开放包容的广阔胸襟，不断吸收和借鉴域外优秀文明成果，造就了独具特色的大唐气象，显示出了极高的文化自信，这就是敦煌盛唐彩塑艺术历史背景。正如鲁迅先生在《看镜有感》中评说的那样："汉唐虽然也有边患，但魄力究竟雄大，人民具有不至于为异族奴隶的自信心，或者竟毫未想到，凡取用外来事物的时候，就如将彼俘来一样，自由驱使，绝不介怀。"

花烛影动，
戚里画蛾眉

——敦煌壁画中的婚礼图

婚姻嫁娶是人类社会活动的重要内容，
敦煌壁画中保存了46幅从盛唐至北宋时期的婚礼图，
它们形象地展现出古代社会婚嫁的习俗和理念，
表现了敦煌民间的婚礼场景。

莫高窟第 445 窟　婚礼图（李其琼临）

　　婚姻嫁娶是人类社会活动的重要内容，敦煌壁画中保存了46幅从盛唐至北宋时期的婚礼图，它们形象地展现出古代社会婚嫁的习俗和理念，表现了敦煌民间的婚礼场景。

　　敦煌石窟中的婚嫁图，一般都依据《弥勒下生经》绘制。据《弥勒下生经》记载，在弥勒世界中，人的寿命是八万四千岁，其中"女人年五百岁，尔乃行嫁"。这句抽象的文字，如何作形象的表达？聪明的画工在表现这句文意时，就采用了婚嫁图的形象。敦煌石窟壁画中的婚嫁图，多绘于"弥勒三会"左右两侧或下方，其中描绘最为生动的是莫高窟第445窟的婚礼图。

第 445 窟开凿于盛唐，北壁通壁绘弥勒经变，内容详尽，画面复杂，上半部分为上生经，约占全画三分之一，其余三分之二为下生经。婚礼图位于北壁下部西侧，画一座宅第，门外设帷帐及"青庐"，帐内宾客对坐饮宴，帐前正举行婚礼。

宅院最右侧的青幔叫做青庐。青庐之设，是东汉末年以来，北方地区的婚礼习俗。青庐类似于我们今天所见的蒙古毡帐，因为用青色缦布围成，所以叫青庐。以青庐为新房，一方面受北方少数民族习俗的影响，另一方面与古人的避煞思想有关。古人认为男女新婚之时，有凶神（即"煞"）在门外出现，必须在屋外择吉地设新房，以避凶煞。莫高窟的婚嫁图壁画中，都绘有青庐图像，一方面从图像上证实了古代婚礼上青庐的存在，另一方面，青庐从形式上来看，确与我们今天所见蒙古包十分相似。

青庐之前，新郎五体投地，跪拜宾客，新娘盛装，傧相侧立于旁，侍婢往来忙碌，其间舞者正伴随着音乐起舞。

据专家考证，敦煌遗书 P.2646 张敖《新集吉凶书仪》记载，男方在女家等待时，"向女家戏舞，如夜深即作催妆诗"。既表示欢庆，也是打发时光、等待新娘盛妆的最佳方法。敦煌壁画再现了戏舞的场面，画面中心有一红衣髫辫儿童正翩翩起舞，旁有六人乐队伴奏。研究者认为此舞为"绿腰"，也称"六幺"，画家生动地展示了古代的婚礼场面和行礼时男拜女揖的习俗。

　　壁画中院子里还设有屏风，这样方便贺礼的宾客在里面观看乐舞，也有遮挡风雨的作用，所谓"屏其风也"。屏风是可折叠的围屏，使用比较灵活，自古以来就是传统家具的重要组成部分，能起到与外界阻隔、美化、防风等作用，并且能点缀环境。屏风可以根据需要和场地大小随时摆放挪动，与婚礼场面相互辉映，呈现出一种和谐之美。

古代画工们以现实生活中的婚礼仪式为素材，绘制出充满浓郁生活气息、富有时代特征的图画，使我们今日得以目睹千年前的婚嫁场面。这幅婚嫁图中无论是主人还是客人，无论是新婚夫妇还是歌舞乐伎都被一一表现出来。而且画工独具匠心地刻画了场外的情景，宅院之外的儿童，透过缝隙向内观望，颇有趣味。

——弥勒经变之耕获图

国以人为本，民以食为天

莫高窟盛唐第445窟耕获图生动描绘了古代劳动人民辛勤劳作的场面，
在庄严的佛窟中展示了真实的日常生活。
历史文献中的曲辕犁反映了中华民族的创造力和精湛的技术，
农业生产的繁荣带来了民众安居、社会安定，
古代科技的发达促进了经济繁荣、国家富强。

唐代杜佑撰《通典》卷七《食货》载，从武德元年（618）的 180 万户，到天宝十三年（754）的 900 万户，仅一百余年的时间，唐朝户籍增长了近四倍之多。

从唐朝建立初期的人口稀少，到鼎盛时的户籍殷实，全有赖于唐朝前期实行的"均田制"和"租庸调制"。这些制度旨在不断鼓励农民扩大生产用地，并尽可能地分配土地给流民，让百姓重新与土地结合，更好地促进社会生产。

根据《新唐书·地理志》中的记载，唐朝的土地耕种面积不少于 800 万顷，粮食年产量差不多在 900 亿斤（4500 吨），至少可以养活近亿人口了。促进唐代农业稳步发展，各地水利灌溉系统算是一大功臣，另外一大功臣就是改良后的先进生产农具。

在莫高窟盛唐第 445 窟的弥勒经变中，就记录了千年前的一组耕获图。画面由下至上交错绘制，分别为耕种、收割、分类、小憩、扬场、交租等场景；扁担、镰刀、连枷等收割工具清晰可见，其中还出现了唐时最为先进的耕种工具——曲辕犁。

曲辕犁又名江东犁，源于其首先推广应用在我国南方地域。唐时敦煌遗书《沙州都督府图经》中就有"三农五谷，万庾千箱"等关于敦煌地区农业生产的描述，可以想见曲辕犁在一系列的变革过后，最迟在盛唐时期就已经来到了敦煌，投入生产生活之中。

在犁普遍使用前，耒耜是主要耕作工具，从远古时代到先秦时代一直在使用，直到结合铁器的犁出现，它才逐渐地淡出了历史视线。汉代耕犁基本定形，但多为长直辕犁，虽在北魏贾思勰的《齐民要术》中提到长曲辕犁和蔚犁，但因记载不详，只能作为推测。唐代初期进一步出现的长曲辕犁及蔚犁，则最终奠定了曲辕犁的基础。在唐朝末年著名文学家陆龟蒙的《耒耜经》中，记载曲辕犁由十一个部件组成，即犁镵、犁壁、犁底、压镵、策额、犁箭、犁辕、犁梢、犁评、犁建和犁槃。

莫高窟第 445 窟　曲辕犁

曲辕犁有几处重大改进，将直辕、长辕改为曲辕、短辕，并在辕头安装可以自由转动的犁槃，这样不仅使犁架变小变轻，而且便于调头和转弯，操作灵活，节省人力和畜力；增加了犁评和犁建，可以控制犁镵入土的深浅，可以更规范化地精耕细作。唐代曲辕犁设计精巧，造型硬朗稳定，犁辕和犁梢富有变化的曲线，给人以动态的感觉。

莫高窟盛唐第 445 窟耕获图生动描绘了古代劳动人民辛勤劳作的场面，在庄严的佛窟中展示了真实的日常生活。历史文献中的曲辕犁反映了中华民族的创造力和精湛的技术，农业生产的繁荣带来了民众安居、社会安定，古代科技的发达促进了经济繁荣、国家富强。

——雨中耕作图

甘露霖，万物生

盛唐时期的法华经变，更加注重创新，着意反映现实生活，

画工们以精湛新颖的艺术手法，把经文中一个个原本枯燥的宗教故事，

绘制成一幅幅内涵丰富、生动晓畅的图画。

第23窟法华经变尤以贴近生活见称，细节之处更反映出现实生活的时代特点。

莫高窟第 23 窟　法华经变之药草喻品与方便品

《法华经》大约形成于公元1世纪，全名《妙法莲华经》，它是大乘佛教的重要经典之一。《法华经》有多种译本，而以鸠摩罗什的译本影响最大、流行最广，共有七卷二十八品，敦煌壁画中现存的法华经变多依据此译本来绘制。

敦煌壁画中的法华经变始于隋代，到盛唐时期达到鼎盛，不包括独立的"见宝塔品"和"观音经变"（即观世音菩萨普门品），共三十四铺，画面内容包含《法华经》中的二十四品。莫高窟盛唐第23窟壁画题材就以《法华经》为主，窟内共绘制了法华经变中的十四品，其中有不少极具代表性的作品，如"药草喻品""方便品""见宝塔品"等。

北壁西侧上部绘有一幅雨中耕作图。画面中天空乌云密布，大雨滂沱，田间阡陌纵横，药草花木生长茂盛。一位农夫正在田里挥鞭策牛，辛勤耕作，另一位农夫肩挑麦捆，冒着大雨，急步归家。画面下部，在山花烂漫的地头，农夫、农妇及孩童坐于田头，父子捧碗吃饭，农妇正关切地注视着他们。这一田头小景，气氛温馨，富于诗意，很容易让人联想起《诗经·豳风·七月》中所描绘的"同我妇子，馌彼南亩"的情景，使画面增添了不少生活情趣。

这幅壁画内容表现的是《法华经》第五品"药草喻品"中的偈言，即"其雨普等，四方俱下，流澍无量，率土充洽。山川险谷，幽邃所生，卉木药草，大小诸树，百谷苗稼，甘蔗蒲萄，雨之所润，无不丰足"。"药草喻品"意在宣扬平等的佛慧，佛法有如甘露时雨，普润万物。画工根据经文内容描绘了大雨来临时农民在田间紧张耕作、收割、运麦捆以及农妇送茶饭等写实场景。画工在取上述偈言作绘画题材时，尤其对"百谷苗稼""无不丰足"这两句进行了创造性的发挥，他们依据自身对现实生活的理解和丰富的想象力，画出了一幅富有农家生活气息的图画，使虚幻的佛国世界充满了人间气息，从而拉近了佛国与人间的距离，把想象中的佛国变成了可以看得见的人间乐园，扩大了佛教在民间的影响力。

盛唐时期的法华经变，更加注重创新，着意反映现实生活，画工们以精湛新颖的艺术手法，把经文中一个个原本枯燥的宗教故事，绘制成一幅幅内涵丰富、生动晓畅的图画。第23窟法华经变尤以贴近生活见称，细节之处更反映出现实生活的时代特点。

仙岩不改千年貌

——高达 26 米的莫高窟南大像

在中国的汉字里，"大"有着一种特别的意味，
它似乎总是与力量、勇气和胸怀联系在一起。
从艺术的角度出发，作品体大未必美，美也无需非大不可，
但是美而大则可以增其壮丽。莫高窟的南大像气势宏伟，神态庄严，刻画细腻，比例适中，
无愧为中国唐朝佛教造像艺术的巅峰之作。
这正是：三危山巅见佛影，宕泉河畔响禅音；仙岩不改千年貌，宛似蜃楼传古今。

人类的文明起始于火和工具的使用，很早以前人们就开始用岩石和泥土来制作一些生产工具，如盆、碗之类的陶器烧制品。随着社会的进步，岩石和泥土也逐渐被应用到了宗教信仰上，而佛教造像即为其重要的呈现形式。

敦煌虽地处边陲，但因特殊的地理位置，自汉朝起这里就一直是被中原王朝所倚重的地区。随着公元640年，唐朝大将侯君集平定高昌（今吐鲁番）后，敦煌石窟也步入了佛教造像的高峰。此时的莫高窟在经历了前朝一系列的艰难探索后，逐步形成了以中原风格为主流的新样式，并大兴巨像营造之风，成为之后各时期佛教艺术创作的优秀典范。

莫高窟第130窟开凿于盛唐时期，洞窟呈方锥形，上小下大，通高29米。据《莫高窟记》及《瓜沙两郡大事记》等资料记载，该窟由僧处谚和乡人马思忠于唐开元九年（721）发愿建造。由于1965年在该窟南壁盛唐壁画下的岩孔中发现了开元十三年（725）纪年的还愿幡，结合甬道北壁晋昌郡太守的供养人题记，由此推测这里的"开元九年"当属始建之年。此后历经二十余载，至天宝年间方得以竣工。

窟内为倚坐式弥勒大像，高达26米，因其位于莫高窟第96窟"北大像"之南，故该像又被称为"南大像"。由于唐玄宗同武则天一样信仰弥勒，加之国力昌盛，故在这一时期不仅仅是敦煌，其他诸地其实也呈现出众多兴建大像的壮观场面。例如，高达71米的四川乐山弥勒大佛便是始建于开元元年（713），而这一开凿时间与莫高窟南大像颇为接近。

莫高窟第130窟
弥勒佛大像

这尊南大像倚山而坐，双腿下垂，除右手及前襟红色部分经宋朝重修外，其余均为盛唐原作。它头部微俯，两眼下视，脸庞丰圆，面含笑意。尤其那只伏于膝头的左手，状如柔荑，指似葱根，是那样的细腻温软，柔若无骨。佛陀的袈裟沿着身体自然垂落，流畅而富有变化，衣褶则采用了波浪式和阶梯式的表现手法，有聚有散、有主有从，显得极具层次感。

古代工匠在塑造这身大像时，还着意突出了头部的写实效果。高达七米的佛头虽大大超越了人体的正常比例，但由于合理地解决了因仰视而造成的近大远小的视角差，使得观者在相距二十余米的情况下，仍能清晰地看到佛陀的面部表情。这一独具匠心的艺术处理，充分体现了古代艺术家们的聪明才智和成熟工艺。

与其他石窟使用的"木骨泥塑"不同的是，第130窟的大佛采用了莫高窟较为少见的"石胎泥塑"的制作方法，即在开窟时预留塑像石胎，在石胎上凿孔插桩，再在其表层用草泥垒塑，麻泥细塑，最后着色上彩。这一技法的应用与敦煌地区疏松的地质结构有着紧密的联系，它的出现有效地弥补了本地砾岩无法造型的巨大遗憾，并为莫高窟巨型佛像的诞生提供了必要的先决条件。

在中国的汉字里，"大"有着一种特别的意味，它似乎总是与力量、勇气和胸怀联系在一起。从艺术的角度出发，作品体大未必美，美也无需非大不可，但是美而大则可以增其壮丽。莫高窟的南大像气势宏伟，神态庄严，刻画细腻，比例适中，无愧为中国唐朝佛教造像艺术的巅峰之作。这正是：三危山巅见佛影，宕泉河畔响禅音；仙岩不改千年貌，宛似蜃楼传古今。

镌刻芳华

——『失而复得』的《都督夫人礼佛图》

在莫高窟第130窟甬道南壁，

有一幅盛唐时期绘制的大型供养人画像，

后来被西夏壁画所覆盖，直到20世纪40年代才重现于世人眼前。

可惜由于流沙掩埋、潮气侵蚀，色彩消退剥落，

地仗与岩面脱离，画面斑驳不清，

唯有旁侧的榜题完整无误地记录着"都督夫人太原王氏一心供养"

"女十一娘供养""女十三娘供养"。这些明晰而显赫的身份，

表明画工笔下的人物，必定是雍容华贵、光彩熠熠。

女十一娘供養

女十三娘供養

莫高窟第 130 窟　都督夫人供养像（都督夫人与女眷盛装）

在莫高窟第 130 窟甬道南壁，有一幅盛唐时期绘制的大型供养人画像，后来被西夏壁画所覆盖，直到 20 世纪 40 年代才重现于世人眼前。可惜由于流沙掩埋、潮气侵蚀，色彩消退剥落，地仗与岩面脱离，画面斑驳不清，唯有旁侧的榜题完整无误地记录着"都督夫人太原王氏一心供养""女十一娘供养""女十三娘供养"。这些明晰而显赫的身份，表明画工笔下的人物，必定是雍容华贵、光彩熠熠。

如果把时钟拨回到 1955 年，我们可以看到，在这幅壁画的旁边矗立着五米左右的木质画架，一位脚踩木梯的清瘦男子，正在专心致志地临摹这幅伤痕累累的礼佛图。这就是著名敦煌学家、敦煌研究院前院长段文杰先生。他结合对唐代服饰和敦煌石窟艺术的深入研究，妙笔生花，复原了这幅壁画的往日风采。

图中都督夫人两鬓包面如"抛家髻"，头顶饰"朵子"、鲜花，身穿碧衫红裙，肩披绛地帔子和白罗画帔，脚蹬笏头履，持巾，捧香炉，神情虔诚。紧随其后的十一娘，面饰花钿、花子，着朱衫白裙。再后的十三娘则头戴凤冠，斜插步摇，蹬"小头鞋履"。满头珠翠的豪门贵族女子恰如其分地诠释了何为"留住铅华云一片，犀玉满头花满面。"

其后的侍女们手捧花盘、玉瓶、妆奁等物品，她们大多穿着圆领袍衫，这是一种"束装似男儿"的天宝年间流行装扮，在《虢国夫人游春图》《纨扇仕女图》及永泰公主墓室壁画中多有出现。另有三位头梳高髻的女子，她们额上为裹发的轻罗，即元稹笔下的"新妆巧样画双蛾，慢裹恒州透额罗"中的"透额罗"，这也是唐代天宝年间的时髦装扮。

我们现在看到的这幅流畅线条、绮丽色彩的临摹图画，正是段文杰先生在上千个日日夜夜，翻阅无数资料，反复面壁锤炼的成果。因为这份痴迷和坚持，他才还原了这幅中国美术史上"失而复得"的传奇壁画：《都督夫人礼佛图》。

从段先生踏上敦煌这片土地开始，他便把一生倾注在了敦煌事业中，他临摹壁画380余幅，并总结出敦煌壁画的一套临摹方法。他视野开阔、身体力行地开创了中国敦煌学保护研究的新高地，培养了一批又一批敦煌石窟的保护者、研究者、弘扬者。段先生正是无数"莫高人"的缩影，他们有抱负、有责任、有担当，甘愿在这处贫瘠的沙漠腹地，挥洒青春，书写无悔芳华。

中唐

瑞像行慈悲

——第 237 窟分身瑞像

莫高窟保存瑞像及瑞像图最多的一个洞窟为中唐第237窟，
环绕佛龛顶部一周共绘制了40余幅。
瑞像最早产生于印度，而后流传四方，
一般恪守固定的原型，力图模拟圣容，
表现灵瑞的瞬间，并因灵瑞而具有护持佛法长住久安的功能。
由于瑞像盛行的地域不同，也多分为不同种类，
尤以犍陀罗瑞像、于阗瑞像、凉州瑞像居多。

莫高窟第 237 窟　犍陀罗国释迦双头瑞像

莫高窟保存瑞像及瑞像图最多的一个洞窟为中唐第237窟，环绕佛龛顶部一周共绘制了40余幅。

瑞像最早产生于印度，而后流传四方，一般恪守固定的原型，力图模拟圣容，表现灵瑞的瞬间，并因灵瑞而具有护持佛法长住久安的功能。由于瑞像盛行的地域不同，也多分为不同种类，尤以犍陀罗瑞像、于阗瑞像、凉州瑞像居多。

分身瑞像是犍陀罗瑞像的代表，分身瑞像也被称为双身像和双头瑞像，此类瑞像图在莫高窟共保存了18幅，在丝绸之路一线仅有4处出现了类似的分身瑞像。除敦煌外，新疆克孜尔出土的双头分身木版画，内蒙古黑水城出土的"双头瑞像"泥塑和巴中石窟南龛"双头佛"像，皆是用不同的塑造手法来呈现的。

莫高窟第237窟佛龛中央的分身瑞像，佛像绘有两头四手，其中两手于胸前合十，佛头分向两侧微微垂目，整幅画作笔触精妙细腻，线条清晰，色彩雅致，佛像两边榜题清晰完整："分身瑞像者，乾陀罗国贫者二人出钱画像，其功至已一身二头。"这应是源于敦煌遗书S. 5659号《诸佛瑞像记》中的记录。

而画面中故事情节则出自《大唐西域记》卷二犍陀罗国的部分："大窣堵波石阶南面有画佛像，高一丈六尺，自胸以上，分现两身，从胸已下，合为一体。闻诸先志曰：初，有贫士佣力自济，得一金钱，愿造佛像。""时彼画工鉴其至诚，无云价值，许为成功。复有一人，事同前迹，持一金钱，求画佛像。

画工是时受二人钱，求妙丹青，共画一像。二人同日俱来礼敬，画工乃同指一像，示彼二人。""二人相视，若有所怀。画工心知其疑也，谓二人曰：'何思虑之久乎？凡所受物，毫厘不亏。斯言不谬，像必神变。'言声未静，像现灵异，分身交影，光相昭著。二人悦服，心信欢喜。"

无论是依据《大唐西域记》还是敦煌遗书中的记载，分身瑞像都凝固了佛以分身之神力安慰贫士的瞬间。当画工用两人之钱画出一身佛像，佛像瞬时一分为二时，佛的平等精神，佛的慈悲就如此深刻示现了，这就是"佛"，"佛"就是这样，不论贫富、等级，用"佛"的智慧，满足众生的美好心愿。

屏风扇扇，汉晋遗风

——莫高窟屏风画

"屏风周昉画纤腰，岁久丹青色半销。"唐代诗人杜牧在其名作《屏风
绝句》中以毫不吝啬的辞藻盛赞了周昉所绘《仕女图》之高妙。
文中的字里行间除对《仕女图》大加褒奖之外，
还提到了一件特殊的物品——屏风。
屏风，"屏其风也"。它是古代建筑中用于挡风的一种室内陈设，
并能够为屋舍内部营造出似隔非隔、似断非断的空间感。

莫高窟第 237 窟　屏风画

"屏风周昉画纤腰,岁久丹青色半销。"唐代诗人杜牧在其名作《屏风绝句》中以毫不吝啬的辞藻盛赞了周昉所绘《仕女图》之高妙。文中的字里行间除对《仕女图》大加褒奖之外,还提到了一件特殊的物品——屏风。屏风,"屏其风也"。它是古代建筑中用于挡风的一种室内陈设,并能够为屋舍内部营造出似隔非隔、似断非断的空间感。

　　屏风最早可以追溯到西周时期,而现存最早的实物则为马王堆汉墓出土的漆屏风。在中国,屏风画的发展和演变几乎是与屏风同步的,早在汉朝及魏晋时期的墓葬中就出土了大量同时代的屏风画。它结合了中国固有的文人画、山水画、工笔画等绘画方式,形成了多样的表现题材,如历史典故、宗教神话、山水人物、龙凤花鸟等。到了唐朝,屏风画传入了日本,被称为"唐绘",深受日本皇室贵族们的喜爱。经过室町至江户时代一系列的改良和发展,屏风画已经成为日本今天独具特色的一种艺术表现形式。

　　屏风画也是敦煌石窟艺术的重要组成部分,它初见于盛唐时期开凿的莫高窟第79窟,进入中唐之后得到了迅速发展,晚唐时达到鼎盛,五代以后则逐渐趋于衰落。这些屏风画表现了大量的佛教故事,其中还包括很多反映社会生活的场景,充分体现了这一时期佛教艺术世俗化、本土化的特点。

第 237 窟中所绘的屏风画可谓莫高窟同类题材的代表，它们主要集中在主室龛内及四壁大型经变画的下方，这些屏风画往往与其上方经变画的内容有着千丝万缕的联系。经过了魏晋南北朝几百年的发展，至盛唐，成熟的中国佛教文化圈已基本形成。在这一背景之下，中国佛教流派也日渐增多，各门各派如雨后春笋般大量涌现，其中最有代表性的当为"唐代八宗"。为了迎合这一变化，敦煌石窟进入中唐之后，一改初唐及盛唐时期单壁仅绘一幅经变的定式，而将一面墙壁均匀分割成几部分，再在其中绘制所需经变，以求满足善男信女们日趋多样的信仰需求。但此现象的出现也存在着弊端，即原本丰富的经变内容被压缩进仅有前作三分之一乃至五分之一的空间里，这就不得不对其中的部分情节予以取舍，导致这一时期的经变较之前朝同类题材作品显得内容单薄，格局雷同。故这一时期的屏风画多绘制上方经变的诸品，以求弥补空间有限造成的画面内容不足的尴尬局面。

此时的屏风画还为山水画的绘制提供了新的表现场所，虽然莫高窟的屏风画多以联屏的形式来描绘佛经故事，但事实上这里的每一扇屏风都具备着一定的独立意义。通常来说，一扇屏风要画 2—4 个情节，古代画师们往往会利用图中的山水或建筑将其自然地分隔出一个个小的环境，再从中安排相应的故事情节。如第 237 窟的屏风画，由于人物较小，山水反倒成了壁画的主体。画面中，突兀的山崖、平坦的丘陵、低矮的小桥、繁茂的树木无不反映出这一时期山水布局的完整性。它虽不像唐前期的山水画那样鲜明、强烈并富有感染力，但在山水细节的处理上却有着可视的长足进步，这一点无论是在岩石的皴笔还是淡墨的晕染上都有着明显的体现，从而呈现出一种新的山水结构。

回顾莫高窟的屏风画，我们可以看到它不仅受到了汉晋墓葬文化的深厚影响，还是对当时上流社会屏风画风靡这一现象的忠实模仿，是敦煌与长安交流频繁的有力见证。它表现了文人雅士的高雅情趣，蕴含着人们祈福纳祥的深刻内涵，是集实用性、欣赏性于一体的中国优秀传统艺术。

佛陀涅槃，弟子举哀

—— 《十大弟子举哀图》

佛教自在古印度诞生以来，

涅槃作为一个永恒不衰的主题出现在中亚及我国各地石窟寺中。

在犍陀罗地区，公元2世开始便已出现了涅槃造像，

而现今保存在印度各石窟寺以及博物馆中的涅槃造像仍有近百件。

著名的阿富汗巴米扬石窟，其洞窟虽大多惨遭破坏，

但现今涅槃画像仍保存有8例之多。

进入我国之后，涅槃主题更加兴盛，

如新疆的克孜尔石窟，

或绘或塑以涅槃为题材的洞窟就多达八十余窟。

而在敦煌石窟中有涅槃题材的洞窟也有十余个，

这其中塑、绘结合表现涅槃主题最好的，可以说就是莫高窟的第158窟了。

佛教自在古印度诞生以来，涅槃作为一个永恒不衰的主题出现在中亚及我国各地石窟寺中。在犍陀罗地区，公元 2 世纪开始便已出现了涅槃造像，而现今保存在印度各石窟寺以及博物馆中的涅槃造像仍有近百件。著名的阿富汗巴米扬石窟，其洞窟虽大多惨遭破坏，但现今涅槃画像仍保存有 8 例之多。进入我国之后，涅槃主题更加兴盛，如新疆的克孜尔石窟，或绘或塑以涅槃为题材的洞窟就多达八十余窟。而在敦煌石窟中有涅槃题材的洞窟也有十余个，这其中塑、绘结合表现涅槃主题最好的，可以说就是莫高窟的第 158 窟了。

　　此窟建于中唐时期，洞窟呈横长方形，窟内正壁前方佛床上塑一身 15.8 米长的涅槃佛，洞窟南、北、东壁绘制了以释迦牟尼涅槃像为中心的涅槃经变，该经多依据《大般涅槃经》和《佛说般泥洹经》等绘制。经变内容主要表现释迦牟尼逝世后，诸菩萨、弟子以及世俗信徒等悼念佛祖的情景。在敦煌石窟中现存涅槃经变 15 铺，第 158 窟的涅槃经变不同于隋代的单幅多情节，也有异于初唐、盛唐的多幅多情节，而是兼容两者后的新形式，尤为擅长运用周围的壁画从各个角度渲染、烘托主尊塑像所体现的主题思想，显得浑然天成，相得益彰。

　　洞窟南壁绘制了涅槃经变中的十大弟子举哀图，画面描绘了十大弟子见释迦牟尼故去后痛不欲生的情景。作为佛祖上首弟子的迦叶和阿难，在释迦牟尼涅槃时，又都不在恩师的身边。迦叶在千里之遥的耆阇崛山，而阿难就在娑罗双树林外，咫尺天涯，却不能与释迦牟尼相见。因阿难在娑罗双树林外正被妖魔鬼怪所缠缚，这些妖魔为了迷惑阿难，变成释迦牟尼的模样，正给阿难宣说一切妙法，示佛神通。阿难为假象所迷，不能赶

莫高窟第 158 窟
弟子举哀图

419

赴释迦牟尼身旁。释迦牟尼遥知阿难常驻难，便命文殊菩萨前去救护，使他聆听佛的教诲。所以，在释迦牟尼涅槃像头部上方的壁画绘制了长跪于地的阿难。他神情哀伤，一手撑地，一手搭在耳边，仿佛正在倾听释迦牟尼宣说《涅槃经》,双目微合，正在回味遐思，对于释迦牟尼的涅槃，也好像没有察觉，沉浸在涅槃的妙理之中。

在阿难像身旁，绘制的是迦叶奔丧。迦叶在佛涅槃时，正在耆阇崛山中率弟子修行，他经常坐在一块色如琉璃的大方石上诵经行道。一天，迦叶和其中六个弟子在睡梦中都梦见常年坐的方石从中破裂，周围的树木都连根拔起，有的梦见泉水皆枯竭，鲜花零落；有的梦见日月坠落，普天失明；迦叶梦见大地震动。次日清晨，六个弟子一起对迦叶讲述了梦中之事，迦叶预感到梦中的征兆预示着释迦牟尼将临般涅槃，于是率众弟子即刻启程，赶赴拘尸那城。画面左上方青绿色的山峦绵延起伏，一位比丘面色凝重，手持禅杖行走在山林间，表现的就是迦叶从耆阇崛山跋涉而来。他长途跋涉到达娑罗双树间，看到恩师释迦牟尼已入涅槃，悲痛欲绝。画面中的迦叶神情极度悲伤，泣不成声，他高举枯瘦的双手，扑向佛棺，左右两个弟子尽力把迦叶扶住，以防倒地撞伤。周围的弟子也都号啕大哭，痛不欲生。

画家运用人物的眼泪和张开双臂的激昂姿态来宣泄佛祖涅槃后弟子们悲痛的心情，营造出了一种肃穆的气氛，令人为之动容。这种情真意切的感人场面淋漓尽致地表达了师徒之间深厚的，似家人之情的关系。但这些悲烈的壁画与宁静的涅槃佛又形成了鲜明的对比，更加衬托出了佛的清寂悠远，崇高超脱的境界，也更好地表达了"寂灭为乐"的涅槃主题。

民族融合的
见证者

—— 《各国帝王举哀图》

据《大般涅槃经》，释迦牟尼去世后，迦毗罗等八国国王，

"即将臣从，疾往拘尸"，"一切大众，悲号涕泣，捶胸大哭，五体投地，作

礼而去"。在敦煌莫高窟中唐第158窟，

北壁所描绘的《各国帝王举哀图》成为最为贴近经文的壁画。

不过在此，画工根据当时吐蕃统治的需求，

将迦毗罗等八国国王改成了以吐蕃赞普为首的众帝王，

这也是吐蕃统治时期敦煌壁画布局的重要特点。

据《大般涅槃经》，释迦牟尼去世后，迦毗罗等八国国王，"即将臣从，疾往拘尸"，"一切大众，悲号涕泣，捶胸大哭，五体投地，作礼而去"。在敦煌莫高窟中唐第158窟，北壁所描绘的《各国帝王举哀图》成为最为贴近经文的壁画。不过在此，画工根据当时吐蕃统治的需求，将迦毗罗等八国国王改成了以吐蕃赞普为首的众帝王，这也是吐蕃统治时期敦煌壁画布局的重要特点。

壁画中那位头戴缠头高冠，辫发束髻于耳后，穿交领内衣，外套翻领左衽长袖缺胯衫的人物，就是吐蕃赞普。在赞普像的右侧画有一华夏帝王，头戴冕旒，着深衣，在二宫女的搀扶下，也来哀悼释迦牟尼，失声痛哭。其余十三人来自回鹘、突厥等中亚、西亚、南亚及北方游牧民族，他们多着翻领窄袖长袍，有的包着头巾，有的戴着裘皮帽长发披肩，多是高鼻深目，浓眉虬髯。

其中南海昆仑王像，面部扁平，大眼厚唇，鼻孔朝天，紫黑色皮肤，卷发，斜披锦衣，戴着宝珠和璎珞。另外有位身材高大的人物，上穿宽领大衣，下着长裙，头戴一冠，冠上插着三根羽毛，敦煌学专家发现这个人物的服饰与章怀太子墓壁画中"客使图"的新罗人十分相似。

据敦煌文献《沙州图经》记载，唐代敦煌周围设置有清泉、白亭、阶亭、双泉、悬泉、黄谷等21个驿站，接待中外使团、商旅。壁画中这些域外人物形象应该是有实际依据的，因为敦煌的画工们有机会亲眼见到各式各样的外来人物。

画面中有些人物行为较为特殊，有割耳、割鼻、剖心、剖腹的场景，这应该也是在丝绸之路上北方游牧民族的丧葬习俗，同时也和大量来往经商的粟特人其信奉的祆教有一定关联。在克孜尔第224窟甬道后的壁面上绘制的荼毗图中也出现了"割耳劓面"的场景。

《三国志·魏书·仓慈传》记载："仓慈字孝仁,淮南人也。始为郡吏","太和中,迁敦煌太守。郡在西陲,以丧乱隔绝","欲诣洛者,为封过所,欲从郡还者,官为平取,辄以府见物与共交市,使吏民护送道路,由是民夷翕然称其德惠","及西域诸胡闻慈死,悉共会聚于戊己校尉及长史治下发哀,或有以刀画面,以明血诚,又为立祠,遥共祠之"。另在《资治通鉴》中也有记载,贞观二十三年(649)唐太宗驾崩,"四夷之人入仕于朝及来朝贡者数百人,闻丧皆恸哭,剪发、劓面、割耳,流血洒地"。这些历史记载通过画面形式的表达,也从另一个侧面表现出了"华戎所交一都会"的敦煌,在其厚重历史的累积下,所存在的民族多样性,习俗多样化。

莫高窟第158窟　割耳劓面

此图在历史的进程中曾遭到破坏,但在法国人伯希和1920年出版的《伯希和敦煌图录》中,还留存了完整的影像资料,就连藏文"赞普"的榜题,仍旧依稀可见。不得不说这幅壁画为我们呈现了一段唐代时期敦煌民族大融合的景象,翻开了丝绸之路上历史风俗的瑰丽篇章。

匡扶正道

—— 敦煌壁画中的天龙八部

"天龙八部"一词最早出现在东汉名僧安世高所译的《佛说·奈女祇域因缘经》中，
其中的具体名目也于此时随着佛经的翻译一并传入了中原地区，
即"天、龙、阿修罗、夜叉、迦楼罗、乾闼婆、紧那罗、摩睺罗伽"。
《舍利弗问经》中对此也有详细的描述：八部鬼神"生于恶道，而常闻正法"，
因天与龙在其中阶位较高，为其首领，故统称为"天龙八部"。
他们之中有善有恶，有正有邪，
但因听闻佛法、受其教化，故常伴佛陀左右，成为佛教的护法神。

相信大多数人最初听闻"天龙八部"，得益于金庸先生的同名武侠小说。殊不知这一概念其实源自佛教，传入中国后逐步被广大民众所熟知，并在历代文学艺术创作中被反复提及。

"天龙八部"一词最早出现在东汉名僧安世高所译的《佛说·柰女祇域因缘经》中，其中的具体名目也于此时随着佛经的翻译一并传入了中原地区，即"天、龙、阿修罗、夜叉、迦楼罗、乾闼婆、紧那罗、摩睺罗伽"。《舍利弗问经》中对此也有详细的描述：八部鬼神"生于恶道，而常闻正法"，因天与龙在其中阶位较高，为其首领，故统称为"天龙八部"。他们之中有善有恶，有正有邪，但因听闻佛法、受其教化，故常伴佛陀左右，成为佛教的护法神。

天龙八部信仰传入中国后，在龙门、广元、大足等众多佛教石窟中均有所表现。敦煌壁画中绘制天龙八部的历史也由来已久，如唐代的弥勒经变、涅槃经变、大方便佛报恩经变等诸多作品中都能看到天龙八部的相关造型。但作为尊像画题材之一的天龙八部群像，则主要集中出现在五代、宋时期，且随着时代的更替，风格、位置多有变换。西夏之后，天龙八部被密教仪轨所吸纳，并被归入曼荼罗的信仰范畴。敦煌石窟现保存较好的相关作品主要集中在莫高窟的第321、158窟，以及榆林窟的第25、16、2窟等石窟中，其中建造于中唐时期的莫高窟第158窟内绘制的天龙八部就属于这一题材中的代表。

莫高窟第 158 窟　举哀八部众

根据佛经记载，佛陀涅槃之际，以四天王为首的天龙八部前往拘尸那城举哀供养。为迎合这一主题，此窟主尊涅槃像后方的墙壁上绘制了一幅天龙八部举哀图。该图存于佛足后部，篇幅宏大，保存完整。由于这些神怪被佛经视为天地生灵中凶禽、猛兽以及鬼神的代表，故古代工匠们把这些古印度传说中的神灵赋予了人格。图中除阿修罗和夜叉外，其余诸神皆为头戴宝盔，身着甲胄的武士形象，不同的是这些武士的头盔上装饰有各种鸟兽造型，用来区别彼此的身份。一般龙王为龙，乾闼婆为虎，紧那罗为鹿，迦楼罗为金翅鸟，摩睺罗伽为蟒蛇，而天部则以四天王形象予以表现。由于这些造型与希腊神话中身负狮皮盔的英雄赫拉克勒斯有着众多相似之处，故有学者认为这些头顶虎皮盔的护法诸神、天王力士很可能便是赫拉克勒斯另一种形象的再现，它伴随着亚历山大东征及犍陀罗佛教艺术东渐等不断向外传播，因而在进入中国后，仍能够以一种变形的姿态继续存在于佛教造像、墓葬以及壁画等题材中。

佛教中的护法神像，其灵感多源自不同地域、民族的民间信仰和原始宗教，它们怒目圆睁，张口叱喝，兵器在手，须髯飞扬，以极其接近世人的造型出现在彼时遍地开花的佛教遗址中，且与诸多庄严肃穆的尊像画形成了鲜明对比，从而极大地缓和了佛国世界中单调而又略显沉闷的宗教气氛。他们的存在折射出敦煌古代工匠不凡的想象力，更是外来神话题材民族化的具体表现。

青绿淡彩，翠眉素面

—— 第 159 窟中唐文殊变

中唐时期的敦煌艺术虽已失去了盛唐时期繁华富丽的锐气，

但呈现出简洁、淡雅、柔和的时代风格。

第159窟的文殊变无论是在画面整体布局，

还是在个体形象塑造、绘画技艺等方面，都标志着吐蕃时期的敦煌艺术已趋于成熟，

展示出了不同于以前各时代的新艺术风格。

1-16

佛教传入中国后，菩萨信仰成为中国大乘佛教的重要特色，并在此基础上逐步确定了民间流行的四大菩萨，其中文殊菩萨信仰最先兴起。文殊，音译文殊师利或曼殊师利，意译为妙德、妙吉祥，曼殊是妙之意，师利是吉祥之意。东汉时期的安世高、支谶等均翻译过文殊经典。进入唐代，在《华严经》为依据的华严宗影响下，文殊菩萨信仰更是被推崇到了极致，并开始与普贤菩萨并重存在。

敦煌佛教艺术中文殊信仰多以壁画、塑像、绢、纸、木刻版画等形式来表现，此外还建造了以文殊为主题的"文殊堂"（莫高窟第61窟）。在这些表现形式中，"文殊变"最为常见，敦煌的文殊变自初唐发展以来，一直到归义军晚期和西夏、元时代，总体上可以分为两大类，一类是传统的文殊变，一类是被称为"新样"的文殊变。敦煌石窟中现存的132铺文殊变中以前者为绝对主体样式，流行于各个时代，它常与普贤变一同对称出现于洞窟龛外两侧及门两侧的位置。

莫高窟中唐第159窟西壁佛龛帐门北侧的文殊变就是敦煌石窟中的代表作品。画面颜色淡雅而清丽，与盛唐时期华贵、艳丽的风格大为不同，整幅画保存完整，结构宏伟，描写精致。画面中央绘制了面和目慈，骑着青狮坐于莲花宝座之上的文殊菩萨。他手持利剑，正视前方。座下两昆仑奴一人手持贡品盘，一人牵绳驭狮。周围环绕天龙八部、帝释天等神，众神脚踩云霓，浩浩荡荡紧随文殊菩萨赴会听法。

莫高窟第159窟
文殊变

画面中的菩萨和侍众神情各不相同，肃穆的、虔诚的、娇憨的、灵秀的，意态万千。画师赋予了每个人物独特的个性，饱满的人物形象拉近了和观者的距离。如狮尾后的天女，探头外视、半藏玉颜、翠眉素面，显得天真无邪。其下一身天女，朱唇微抿，两眼向下若有所视而又无所视，判若少女遐想入神。画师准确地探微人物脾性，使画笔下的人物神情各异，栩栩如生。

莫高窟第159窟 天女 局部

莫高窟第159窟 伎乐 局部

又如青狮下方的三身乐伎，全神贯注地演奏着乐器，因各司乐器不同而神态各异。吹笛乐伎，认真聆听板点，目光专一；吹笙乐伎，目不斜视，并情不自禁地应和着音乐节拍，跷起脚趾击拍板点；拍板乐伎，观舞击板，击拍节奏，眉、眼、鼻、唇，皆笑形于色而怡于心。这幅画面虽然没有巨大场面，也没有众多乐伎及器乐，但在画家笔下，人物形神兼备、情貌俱佳，在敦煌艺术乐伎图中是难得的佳作。

再如文殊身后的两位护法神将，其中一身转头与身旁的神将交谈，显出武夫憨直，不循礼规的状态。另一身神将怒目圆睁、虬须飞动，体现出武将勇猛、刚正的性格。

莫高窟第 159 窟　神将　局部

在这幅画面中，特别值得注意的是站立在神将身后，怀中抱着婴儿，头生独角、蓝脸貌丑，却面目含笑的天神。这个形象是佛经中所记载的诃梨底（即鬼子母、欢喜母）。在敦煌壁画文殊变中，类似形象仅在与第 159 窟同时代的第 231 窟出现过。诃梨底是佛教经典中守护佛法的二十天神中的第十五天神。她原本是外道魔女，关于她皈依佛教的故事，佛经中有许多记载。据佛经《毗奈耶杂事》第三十一说记载，王舍城有妇人诃梨底，曾掠食城内婴儿，失去孩子的城民，求告释迦，释迦施佛法扣藏诃梨底爱子于钵下，诃梨底痛感失子之苦，受佛教诲，悔过自新后皈依佛法，后来成为佛教的护法天神。诃梨底的形象，在印度阿旃陀石窟和中国新疆

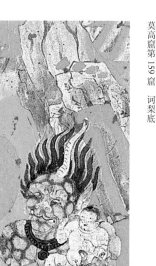

莫高窟第 159 窟　诃梨底

石窟、重庆大足石刻均有绘、刻实物。在中原地区的诃梨底被塑造为一个美丽大方、端庄矜持的天女形象，或抱或领有一个孩童。第159窟文殊变中的诃梨底却被画成凶恶可怕、丑陋无比的形象。但画面中的诃梨底面貌虽丑陋，却不令人生畏，她双手紧抱婴儿的真挚笑容，爱子、护子之心发之于内，形之于表，反映了她对孩子深切爱抚之情。在艺术上，这种将丑陋与笑容、凶恶与慈爱相互矛盾的内涵与外形结合的创作手法，透露出画家精妙的思维能力，也反映了画家对经文和人物心态的深刻理解，以及对形象创作的缜密构思和高超技艺。

中唐时期的敦煌艺术虽已失去了盛唐时期繁华富丽的锐气，但呈现出简洁、淡雅、柔和的时代风格。第159窟的文殊变无论是在画面整体布局，还是在个体形象塑造、绘画技艺等方面，都标志着吐蕃时期的敦煌艺术已趋于成熟，展示出了不同于以前各时代的新艺术风格。

壁画中的唐代
民风民俗

——第 159 窟维摩诘经变

敦煌壁画虽以佛教内容为题材，却是建立在世俗文化基础上的产物，

在敦煌石窟中类似耕作、捕鱼、制陶、酿酒、冶铁等民情风俗的场景可

谓比比皆是。

这一幅幅精美的佛教绘画作品，

为我们真实地再现了中古时期社会生活的方方面面，

同时也展示出这一时期丰富的文化内涵，

有着不可估量的艺术价值和现实意义。

敦煌壁画虽以佛教内容为题材，却是建立在世俗文化基础上的产物，在敦煌石窟中类似耕作、捕鱼、制陶、酿酒、冶铁等民情风俗的场景可谓比比皆是。这一幅幅精美的佛教绘画作品，为我们真实地再现了中古时期社会生活的方方面面，同时也展示出这一时期丰富的文化内涵，有着不可估量的艺术价值和现实意义。

在莫高窟的最南端，沿着一条蜿蜒曲折的小径向上攀爬，我们可以来到整个窟区的最高处。这里视野开阔、幽静异常，驻足远眺的话，三危山美景尽收眼底。初入此地，不由得让人联想起陶渊明的《桃花源记》来，真可谓峰回路转，别有洞天。此处的最北端有一个不大的石窟，它就是建造于中唐时期的第159窟，窟内东壁绘有一幅维摩诘经变，为莫高窟唐朝常见之作品。

维摩诘经变是根据东晋时期译经大师鸠摩罗什所译《维摩诘所说经》绘制而成，在莫高窟始见于隋而终于宋，现存60余铺。第159窟的维摩诘经变绘于主室东壁两侧，因受"唐代八宗"传入的影响，经变画规模较之前朝略显不足，因而经内诸品皆以屏风画的形式罗列于主画面下方，借此弥补内容之不足。这一时期的作品虽已初显程式化倾向，但篇幅短小精悍、绘制工整细腻，故仍不失为唐朝的代表佳作。

维摩诘下方左侧第一幅屏风画中绘有"弟子品"，经文记载，一日释迦卧病在床，阿难为求佛祖早日康复，便持钵来到一婆罗门家为其乞乳，途中偶遇维摩诘。居士恐外道得知此事，耻笑释迦自身染病，何以普度众生，故劝阿难速速离去，勿使他人知晓。但画面中的内容却与经文大相径庭，着意表现了阿难乞乳的情景。图中有

莫高窟第159窟
维摩诘经变

一山庄，门口立一贵妇手捧奶钵，阿难立于院外持钵乞乳。右上方画一奶牛，腹下蹲一妇女正在挤奶。母牛张嘴摇尾，招呼面前小牛，小牛昂首蹬蹄，拼命向前挪动。无奈颈部绳索紧系，且被一男童奋力后牵，故虽心中焦急万分却仍不得前行半步。画工巧妙地捕捉到母牛呼唤、小牛前奔的瞬间场景，将大、小牛之间的舐犊之情刻画得惟妙惟肖、淋漓尽致。纵观整幅作品，该品虽是"依经图变"，但这幅挤奶图却生动地反映了唐代的世俗生活，以极其贴近生活的场景阐释了深邃的佛教思想，大大地拉近了普通人民与佛教的联系。

第159窟的线描堪称中唐时期的代表，其中兰叶描的运用尤为纯熟，提笔落毫、起承转结，皆自然流畅、细腻精致。色彩的使用也开始由盛唐的富丽堂皇逐步向后期的清静淡雅转变，画面中多使用青、绿、赭、黄以及云母粉等冷色，形成肌肤浅染、填色简淡的格调。尽管在人物性格刻画上不及前朝，但在山川意境、世俗风情方面却有着颇为新颖的发展，实为珍贵的形象历史资料。

辉煌灿烂的敦煌石窟艺术不但呈现出了完整的中国佛教发展史，也为我们再现了异彩纷呈的古代世俗社会生活。正是有了这些生动而准确的记录，才让一千多年后的我们真正地感受到活化的历史。

雪域之光

——敦煌壁画中的吐蕃赞普

吐蕃政权统治敦煌时期（786—848），适逢唐朝会昌灭佛之时，

在吐蕃赞普可黎可足治下，敦煌地区的佛教十分兴盛。

此时期不仅大兴佛事，广度僧尼，并派吐蕃大德僧管理敦煌佛事，

因此在莫高窟吐蕃时期开凿的洞窟，相较于前代洞窟也发生了一些变化，

例如：盝顶帐形龛的形式、一壁多幅经变等，

最为有特点的便是在一些经变画中，

根据经文内容，加入了吐蕃赞普的形象。

莫高窟第 159 窟　维摩诘及吐蕃赞普

公元 7 世纪初，在我国西南边疆的青藏高原兴起了一个日益强盛的吐蕃部族，其首领松赞干布在征服了苏毗、象雄等高原境内各族之后，最终完成了统一大业，建立起唐代地方性政权——吐蕃王朝。随着吐蕃王朝势力的不断扩张，至公元 9 世纪上半叶，吐蕃王国的版图一度空前辽阔，成为当时亚洲腹地与大唐王朝、阿拉伯帝国三足鼎立的强大势力。

吐蕃政权统治敦煌时期（786—848），适逢唐朝会昌灭佛之时，在吐蕃赞普可黎可足治下，敦煌地区的佛教十分兴盛。此时期不仅大兴佛事，广度僧尼，并派吐蕃大德僧管理敦煌佛事，因此在莫高窟吐蕃时期开凿的洞窟，相较于前代洞窟也发生了一些变化，例如：盝顶帐形龛的形式、一壁多幅经变等，最为有特点的便是在一些经变画中，根据经文内容，加入了吐蕃赞普的形象。

《新唐书·吐蕃传》中所说的"身被素褐，结朝霞冒首，佩金镂剑"，这些都是辨认吐蕃民族的最好佐证。在莫高窟众多的中唐洞窟中，尤以第159窟维摩诘经变中的赞普形象最为典型。

壁画中的吐蕃人物形象较多，三位侍从在前引领，小型方台之上的为赞普，其后还跟随一位手执华盖的侍从。整幅画面保存完整，线条清晰，让我们看到了一位气宇轩昂的赞普形象。

赞普头戴红色朝霞冠，平顶，上系红抹额，脑后系结，露出向下垂的头巾角，冠帽与头发相交处有一道白边，似是露出帽子的内衬。耳两侧束髻，红色发绳交叉固定。身穿白色左衽翻领袍，领口内露出深色交领襦衫，肩披灰黄色大虫皮云肩，长袖几乎垂到地面，袖端饰虎皮袖缘，这样的虎皮装饰不仅适应高寒天气，也和青藏高原上早期吐蕃对于猛兽的崇拜有关，当然也象征着身份和力量。

腰间系革带，上有间隔的红色铃状小环。袍身侧面从髋部即可看到开衩，从开衩处可见内穿的深色上襦，下着绿色红缘重裙，内着白色裤子，足蹬乌皮靴。腰佩短刀，刀柄上方可以看到翻领处有一红绳打结，左端隐于翻领内，右端似绕到背后，这也是典型的吐蕃礼服穿着方式。

从敦煌壁画的吐蕃服饰中，还依稀能够看到一些大食、波斯、粟特的影子，这就是曾经的"茶马古道""麝香之路"构建出的政治、经济、宗教的雪域印记。

翩舞广袖，反弹弦音

——反弹琵琶乐舞图

敦煌壁画中的"反弹琵琶"是唐代舞蹈文化中著名的艺术形象。
"反弹琵琶"作为艺术的互动，
从开元末期长安的宫廷乐舞到敦煌壁画中的西方净土歌舞，
都与中西交流的丝绸之路脉动有关。

莫高窟第 112 窟　观无量寿经变之反弹琵琶乐舞

敦煌壁画中的"反弹琵琶"是唐代舞蹈文化中著名的艺术形象。"反弹琵琶"作为艺术的互动，从开元末期长安的宫廷乐舞到敦煌壁画中的西方净土歌舞，都与中西交流的丝绸之路脉动有关。

"反弹琵琶"形象始见于莫高窟盛唐时期第172窟观无量寿经变乐舞，但论画风细腻，最具特色的，当属中唐第112窟反弹琵琶乐舞图。

第112窟南壁东侧观无量寿经变中装扮华丽的女性舞者以琵琶搭于肩背后，右腿高抬，屈身右倾，似乎一面于背后弹着琵琶，一面翻飞着锦帛长带，配着乐声演出极尽高难度动作的乐舞，大胆生动的舞姿带给人们强烈的视觉冲击。巾带裙裾黄绿相间，羽裤涂朱，二三色中略饰朱褚，赋彩洗练，朴实无华，翘起的大脚趾成为特写，优畅的舞姿宣说着净土的欢乐。

人物线条纯熟，婉转自然，线的主次，墨色的浓淡，起笔收笔停顿转折，都与人物形体姿态和神情密切相连。壁画敷彩以朱绿黄黑白为主色，形成温和而厚重的色彩美，特别是人物肉体多以蛤粉平涂，鲜明厚重而略有光彩，且色泽历千余年而不变，殊为罕见。

学者表示，将琵琶高举到颈背后恐怕是无法反身弹拨的。背后连弹带拨琵琶，即使手拿拨子也不易，琵琶在这里可能只是一种舞蹈表演举起的道具。"反弹琵琶"形象是画工为追求壁画精美的装饰性效果，结合乐伎和舞伎形象的部分元素再创造的一种"反手持琵琶舞伎"形象，这不仅体现了对女性柔和之美的纯粹欣赏，更将庄严与浪漫充分结合。

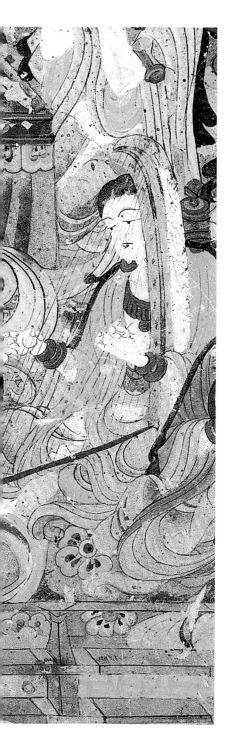

莫高窟第 112 窟　反弹琵琶

　　中唐时期的敦煌壁画创作，带给我们的不仅是独特的艺术享受，也是这个时代的深刻感悟。由长安皇家画师传播到河西敦煌画匠手中，这种美术样式的创造与艺术互相影响的流传过程，使人们有了重新审视盛唐艺术与外来文明的历史契机，不仅是时间链条上准确的年轮，而且也是中西合璧跨越交流的见证。

晚唐

唐代城市繁荣，商业经济发达，

因而产生了多种面向市井民众的俗文学形式，如俗讲、变文等，

它们都是以故事来吸引听众，不仅受到普通民众的欢迎，也引起文人士大夫的兴趣。

敦煌也是如此，

从藏经洞发现的众多写本所记载的内容就能说明敦煌的讲经文、变文空前繁荣，

比如依据《贤愚经·须达起精舍缘品》发展而来的降魔变文，

在敦煌地区自唐至五代、宋时期就得到了广泛的传播，

并且由此变文演变而来的劳度叉斗圣变也成为这一时期经变画中最流行的题材之一。

第八十三讲

神魔斗法，
热闹非凡

——劳度叉斗圣变

莫高窟第 196 窟
劳度叉斗圣变（摹本）

　　唐代城市繁荣，商业经济发达，因而产生了多种面向市井民众的俗文学形式，如俗讲、变文等，它们都是以故事来吸引听众，不仅受到普通民众的欢迎，也引起文人士大夫的兴趣。敦煌也是如此，从藏经洞发现的众多写本所记载的内容就能说明敦煌的讲经文、变文空前繁荣，比如依据《贤愚经·须达起精舍缘品》发展而来的降魔变文，在敦煌地区自唐至五代、宋时期就得到了广泛的传播，并且由此变文演变而来的劳度叉斗圣变也成为这一时期经变画中最流行的题材之一。

劳度叉斗圣变在敦煌石窟首次出现是在西千佛洞北周第12窟，之后又见于莫高窟初唐第335窟，晚唐、五代、宋时期数量激增，多达17幅，敦煌石窟中现存此经变共计19幅。第196窟主室西壁的劳度叉斗圣变是莫高窟现存同类经变画中面积最大，内容最丰富，绘画技艺最高，保存最完好的。其高为3.65米，宽9.8米，面积达35.77平方米，是晚唐经变画中的杰出佳作。

劳度叉斗圣变讲述了舍卫国大臣须达为请释迦牟尼亲临说法，出重金购买太子祇陀园起精舍，以做道场。六师外道闻讯，约定与佛弟子舍利弗斗法，只有代表佛门的舍利弗胜出，方可起精舍，请释迦牟尼来说法，六师外道也会皈依佛法。于是，两方开始各显神通，画面中斗法的双方分为两大阵营，占据画面的两侧，舍利弗高坐在华盖下，居画面左侧，劳度叉盘坐于帷帐内，居画面右侧。围绕舍利弗和劳度叉的上空，中间部分是六组神变斗法画面。善于变幻的劳度叉化作高山，山有清泉树林，舍利弗化为金刚力士，用金刚杵击碎了高山；劳度叉化作毒龙，在海中兴风作浪，舍利弗化作金翅鸟王，飞扑到毒龙背上，将毒龙啄死；劳度叉化作一头大水牛，猛冲飞奔而来，舍利弗化作一只雄狮，将水牛扑倒吞食；劳度叉化作七宝大水池，水深似海，舍利弗化为六牙白象，用鼻子把水池吸干；劳度叉化作夜叉恶鬼，赤目长牙，口喷火焰，舍利弗化作毗沙门天王，夜叉鬼惊恐逃走，四面起火，自烧其身；劳度叉化作一棵参天大树，舍利弗化作风神，鼓动风袋，掀起狂风吹倒大树，席卷劳度叉的阵营。劳度叉节节败退，最后劳度叉及诸外道相继投降，剃发出家皈依了佛法。

金刚杵碎高山

毗沙门天王斗夜叉鬼

金翅鸟斗毒龙

大风拔树

雄狮撕咬水牛

六牙白象吸干水池

在舍利弗的莲台下，绘制了劳度叉斗法失败后，外道师徒皈依佛门的生动场面。画面中外道有的初次落发，手摸光头互相嬉戏；有的不知礼法，胡乱礼拜令人发笑；有的用水洗头，有的措齿漱口叉腿撅臀，粗鄙可笑；有的初换袈裟，不知穿法，样态窘迫。惊险斗法之后，画师用轻松的笔调，描绘出这些揶揄、幽默、戏耍、嘲笑，但无恶意的情景，显得诙谐横生，增强了经变画的趣味性、生动性和通俗性。

这幅劳度叉斗圣变，画师在绘制时进行了巧妙的构思和精心的布局。在构图上，以对称、填充的方式，突出了斗法这一主题情节，使主题分明，重点突出，显示出画家驾繁就简的艺术功力。劳度叉斗圣变的故事跌宕变化，场面十分热烈，它对后世人们熟知的古典神魔小说《西游记》中的孙悟空与二郎神、孙悟空与羊角大仙的神变斗法，《封神演义》中的神魔斗法都曾产生巨大的影响，是不可多得的珍贵资料。

画面中，两座城池隔河相向，周围人头攒动，战旗飘扬。

两岸各有一人擂鼓进军，骑兵得令后，立刻剑拔弩张，隔河相攻。

一番激战后，双方此追彼逃，人仰马翻，受伤的战马、士卒皆因此坠入湍急的河水中。

最后，获胜的转轮圣王在城中论功行赏，皆大欢喜。

这幅作战图生动地描绘了战争的真实场景，

再现了唐王朝灵活多变的作战方式和坚实可靠的军事力量。

第八十四讲

战争场景的
真实再现

——莫高窟壁画中的作战图

莫高窟第 12 窟　法华经变之作战图

相对于易受材料影响的雕塑，壁画或许更显得自由多样一些，莫高窟便是以壁画而蜚声中外。由于这些壁画的粉本来源复杂，有的传自西域，有的源自中原，还有一些为本土画工所创，这使得敦煌壁画的内容具备了多元性和亲民性的特点，而这一特点在唐中后期的石窟中表现得尤为突出。如报恩经变中的"树下弹筝"、弥勒经变中的"婚嫁图"、楞伽经变中的"屠户"等场景，都较为细致地描绘出了纯真的爱情以及市井生活的情趣。除这些内容外，军事活动也是这一时期的热门题材，在敦煌壁画中就出现了许多关于战争的场面。

在莫高窟南区石窟群的北侧，有一处敦煌世家大族营造的"家窟"，编号12。因窟内主室东门上方书有"窟主沙州释门都法律和尚金光明寺僧索义辩"的供养人题记，表明了该窟确为敦煌索氏于唐咸通十年（869）前所开之功德窟。

第12窟南壁西侧绘制着一幅精美的法华经变，该图下端画着此经中一个重要的章节——安乐行品。此品于中唐初现，晚唐鼎盛，宋后逐渐消亡。由于该品十分抽象，难以绘画，故而创作者截取了此品中的"髻珠喻"来凸显《法华经》的重要性。

经文记载，转轮圣王欲降伏诸国，但诸王不顺其意，于是转轮圣王出兵讨伐。胜利后，凡有战功者皆予以封赏。唯有一将军功劳甚大，不知何以犒劳，最终王以珍藏于发髻中的宝珠赏赐此人，而这里的宝珠即喻指《法华经》。画面中，两座城池隔河相向，周围人头攒动，战旗飘扬。两岸各有一人擂鼓进军，骑兵得令后，立刻剑拔弩张，隔河相攻。一番激战后，双方此追彼逃，人仰马翻，受伤的战马、士卒皆因此坠入湍急的河水中。最后，获胜的转轮圣王在城中论功行赏，皆大欢喜。这幅作战图生动地描绘了战争的真实场景，再现了唐王朝灵活多变的作战方式和坚实可靠的军事力量。

除第 12 窟外，莫高窟还有很多与军事相关的画面，如初唐第 332 窟的《八王争舍利》、晚唐第 156 窟的《张议潮统军出行图》等。伴随着此类壁画的增多，军械的表现也逐步成为敦煌壁画的重要组成部分。在莫高窟西魏的第 285 窟、北周的第 296 窟中就绘制有骑着战马与强盗作战的骑兵，画面上描绘的马铠是古人保护战马的防护装备，古称具装，或具装铠。其中，第 285 窟的马铠形制最为齐全，从保护头部的"面帘"到保护马尾的"寄生"一应俱全。马铠的产生和发展如同马镫一般，是中国为世界军械装备的发展所做出的独有贡献。同时，这些珍贵的图像资料也对我国古代军事的研究有着非常积极的重要意义。

总的来讲，敦煌壁画在其后期的发展过程中，虽程式化之风已露端倪，但因洞窟体量不断增大，鸿篇巨制层出不穷，使得世俗化特征在这一时期得以提升，生活气息颇为浓郁，在人情物性的描写刻画上也有着独到的见解。因此，敦煌石窟艺术不仅是佛教题材的大集合，更是现实世界的折射，是极其珍贵的历史文化宝库。

《张议潮统军出行图》是晚唐敦煌石窟壁画中新出现的独立的大规模出行图像，

其产生受到了莫高窟原有图像范式与唐代流行的出行仪仗图的双重影响。

这幅出行图虽有多达百余的人物和马匹，并未给人臃肿之感，

各部分相互联系，巧妙地结合统一，以华丽的色彩和生动写实的造型呈现出仪仗的威武雄壮，

表现了一支威仪赫赫的凯旋之师，

中间载歌载舞的舞乐，渲染了欢乐热烈的气氛，是一幅珍贵的历史图像资料。

第八十五讲

威仪赫赫的
凯旋之师

——《张议潮统军出行图》

莫高窟第 156 窟　张议潮统军出行图

　　敦煌壁画中的出行图多作为供养人像的一部分，主要表现窟主的功绩和地位。敦煌石窟中现存 4 幅出行图，最早的一幅绘于晚唐时期的第 156 窟。它是一幅历史人物画，描绘了唐朝敦煌地区长官张议潮被封为河西节度使后统军出行的浩大场面。画面中有榜题为："河西节度使检校司空兼御史大夫张议潮统军□除吐蕃收复河西一道（出）行图"。

　　其实第 156 窟的开凿背景，离不开唐朝历史上一个大事件。唐天宝十四年，也就是公元 755 年，安史之乱爆发，唐王朝调集西域和河西驻兵平叛。河西兵力空虚，正处于强盛时期的吐蕃乘机进入河西，敦煌陷入吐蕃统治。直到公元 848 年，借吐蕃发生内乱，唐中央政府准备收复河西陇右之际，沙州将领张议潮首举义旗，推翻吐蕃在敦煌的统治，并次第收复河西十一州，打通河西与中原的通道，奉表归唐，唐王朝敕封张议潮为

河西节度使，驻节敦煌。为纪念张议潮收复河西的功绩，他侄子张淮深约在861—865年间开凿了莫高窟第156窟，并在洞窟南壁特别描绘了张议潮统军出行的仪仗。这样宏大场面的出行图在洞窟内出现，在表现窟主对佛的敬仰的同时，更加彰显了张氏家族的地位和权力，从而使洞窟兼有礼佛功德窟和家族祠堂的作用。

据学者考证，在敦煌藏经洞的文书中，P.3773卷的背面著有的《凡节度使新授旌节仪》，对《张议潮统军出行图》所反映的节度使旌节制度和仪式也进行了详细的说明。文书当中记载的旌节仪仗队列从前往后共有15组人物。接下来，我们从壁画图片的前、中、后部依次赏析。

我们先看前部的仪卫骑队和乐舞。这一部分人数众多，队

莫高窟第 156 窟　张议潮统军出行图　前部

列整齐。前导骑马横吹四对，鼓角各四人，左右列队。头戴毡帽，系革带，穿靴，无榜题。横吹是西汉时出现的源于西域古乐的一种军乐队，有别于以箫鼓为主的鼓吹乐队。《张议潮统军出行图》横吹部分即是军容的切实反映。

随后是"执稍仪仗、五方旗、队旗"，有武骑五对，分列左右，大旗一对在前，后有一对小旗，为五方旗，后随三对执稍武骑。"稍"是当时的一种新型兵器，也用于仪仗之中，《张议潮统军出行图》的执稍武骑就是轻装骑兵的典型。

莫高窟第156窟　张议潮统军出行图　中部

　　"导引官"二人，并排站在前方举旗队伍的中间，后有文
骑五对，左右列队。穿红色大袍，白毡靴，着幞头，上一骑旁，
题"左马步都押衙等"，下排五骑的题字已模糊无法辨别。中
间有乐舞一组，舞者八人，一行着吐蕃装，一行戴幞头。

　　再后是衙官。张议潮身为河西归义军节度使，自然也按照
中央的规章立军，并辟署使府幕官。敦煌遗书和石室题记中有
大量的归义军节度使时期使府职官的资料，如都知兵马使掌知
兵马，都押衙掌衙内警卫，都虞侯掌军纪纠察，都教练使掌军
事教练等。

再后是"六纛",执旗者三对,
分列左右。每旗飘七带,杆首有椭圆
形物。通常节度使行则建旌,树六纛,
以示威严。

"六纛"后为执门旌、信幡者,
旗上有飘带,杆首饰物为三叉形,门
旌即门旗,立于军门外的旗帜,出行
时随六纛之后。门旗之后为信幡,实
际上是为后面的旌节开路,作将帅出
行的前导。

在门旌之后有骑士三人,与门旌
呈三角形,前面二骑各执未张开的伞
状物。唐代节度使受命之日,赐双旌
双节,张议潮在次第收复河西的过程
中,屡次派使求授旌节,如此便可名
正言顺。这里也是对唐代旌节制度的
真实绘制。

六纛

执门旌、信幡及旌节者

466

接下来终于到了主人公张议潮，他位于画面中心位置，是队列的核心人物，他身穿圆领红袍，系革带，着幞头，骑白马，执短鞭。张议潮本人形体比其他人高大许多，这组画面中人物数量不多，所占空间却最大，充分体现了这位骑马人物身份的高贵。在他正待过桥的间隙，点缀了平远山水和翠绿树木，一片片石绿的地色，仿佛是空旷的原野。

张议潮身后是子弟军队伍，这队人马人数最多，横六人竖四人排成一个方队。由于画面的透视关系，实际上是一个菱形队伍，前排骑马者和马的前腿斜线排列，观者能够看到距离最近的这一列和第一排骑行者和马匹的完整构图，其余人马仅能

张议潮及子弟军

射猎与驮运

看到骑马者的上半身,马匹全部隐去,这是采用了人物剪影和透视短缩手法来表现垂直队列,使得画面不再是平面,有了一定纵深感。

射猎与驮运这一组画面动感十足,生活趣味浓厚。一人策马奔腾正在追赶前面奔跑的猎物,马的四蹄腾空几乎与身体平行。后面十多位骑马者左顾右盼正在交谈,最后的两位骑马者面朝后方正在呼唤队伍尾部的四匹空鞍马。并列的马匹不容易辨别清楚,所以画师采用了黑、白、橘黄三种颜色进行区分。

《张议潮统军出行图》是晚唐敦煌石窟壁画中新出现的独立的大规模出行图像,其产生受到了莫高窟原有图像范式与唐代流行的出行仪仗图的双重影响。这幅出行图虽有多达百余的人物和马匹,并未给人臃肿之感,各部分相互联系,巧妙地结合统一,以华丽的色彩和生动写实的造型呈现出仪仗的威武雄壮,表现了一支威仪赫赫的凯旋之师,中间载歌载舞的舞乐,渲染了欢乐热烈的气氛,是一幅珍贵的历史图像资料。

《宋国河内郡夫人出行图》，是在佛教石窟中热情歌颂真实世俗人物的现实主义杰作。

尽管人物众多，但却留有适当的空间，开阔疏朗，

体现出了"疏可走马，密不透风"的格局。

田园草地的绿色横条和表现田埂阡陌及大道的灰白色横条作为统一的背景横贯全图，

而这正是敦煌沙漠绿洲中天宽地阔一望无际的地理环境。

众多的红衣、红马营造出了画面暖色调的色彩感和热烈气氛。

第八十六讲

楼前百戏竞争新

——《宋国河内郡夫人出行图》

莫高窟第156窟　宋国河内郡夫人出行图

　　开凿于晚唐时期的敦煌莫高窟第156窟是首任沙州归义军节度使张议潮的功德窟。因其窟内主室绘制有《张议潮统军出行图》及其夫人的《宋国河内郡夫人出行图》，加之前室北壁左上角处存有"咸通六年正月十五日"的墨书榜题《莫高窟记》而闻名于世。

　　洞窟主室北壁下端的《宋国河内郡夫人出行图》与南壁下端的《张议潮统军出行图》在空间上相互呼应，但在画面内容上不同于南壁出行图的气势恢宏，庄严威武，而是以轻松愉悦的百戏、杂耍、舞蹈、奏乐为先导。画面中既有身着藏族传统服饰的舞伎表演吐蕃的歌舞，又有中原民间传统的顶竿杂技表演；既有仪容整齐的仪仗队，又有骑马奔腾的军士，还有手捧包袱、食盒的侍女，使得原本的出行队伍反而更多地显示出节日般的欢乐、和谐的气息。

　　出行图前端绘制的是"顶竿"的画面，画面中一位身着半臂、脚踩乌靴的壮汉，伸展两臂，头顶一根长竿，长竿中部一

莫高窟第 156 窟　行李车马

个小孩，双腿夹竿，两臂平伸在空中表演。长竿顶端又有一根横竿与长竿呈十字交叉，小横竿两端各有一个小孩作悬空表演，其中一个小孩单臂抓竿，曲体仰身，另一个小孩双足倒挂，动作十分惊险、刺激；长竿顶端有一个小孩双手握竿顶，斜臂平伸，做三角支撑，表演惊险，技艺高超，是古代"戴竿"之戏形象的真实再现。在旁侧另有一位壮汉手持长竿仰面盯着竿上小孩，边走动边护卫着竿上正在杂耍的小孩，显得贴心周到。

在中国古代，"顶竿"活动被称为"橦伎""寻伎"，一般是伴随大型的祭祀庙会或是岁时节庆活动时举行，深受民众的喜爱。在敦煌壁画中有多处绘制有"橦伎""寻伎"的场面。这些"橦伎"表演的画面既惊险又富于娱乐性。正如唐人诗句所描述的那样"楼前百戏竞争新，唯有长竿妙入神。谁谓绮罗翻有力，犹自嫌轻更著人"，可以说是当时民间杂技表演的真实写照。这种集力量、技巧、胆识的体育表演项目，实为隋唐时期敦煌民间文化的重要组成部分。东汉时著名文学家张衡的《西京赋》中记载了"缘竿""钻圈""走索""跳丸剑"等许多精彩杂技节目。这些传统的健身养生、益智娱乐的体育活动画面在敦煌壁画中有大量的表现，保存了我国古代各民族丰富多彩的民间、民俗体育活动场景。

莫高窟第 156 窟　百戏

百戏之后绘制的是四位舞伎。她们个个高髻云鬟，长裙委地，挥舞着双袖，相对而舞。舞者身体微微前倾，动作协调，舞姿优美。接着是七人的乐队，他们有的怀抱琵琶，有的手持拍板，有的吹奏笙箫，有的打击腰鼓，一派热烈欢快的气氛。其后是左右列队的三对手持长剑的军士。接着是一辆装饰别致的高棚马车。车后跟随着八位侍女，她们手捧包袱、食盒、团扇等物品，榜题为"司空夫人宋氏行李车马"。在乐队与行李车马的下面，有三位军士纵马奔腾，中间的那位，回头向后面的军士传递物件，后面的军士策马追赶，身体前倾似在接物，这三位军士应该就是史料中记载的"驿骑"。"驿骑"是中国古代传递信息的驿使人物。古人没有现代化通信设备，只能依靠"驿骑"来回往复地奔走，互相传递和交换信息。文献中对于"驿骑"虽有所记载，可惜图像资料不曾多见，而在这幅图中出现，无疑印证了古文献的真实性，使我们得以看到"驿骑"真实的图像资料。

在行李车马的后面，是两乘六角亭式的肩舆，榜题为"小娘子担舆"。紧接其后的是四辆马车，之后是一位骑马的男装女官。四位乐师紧随女官坐骑之后，八个持捧护卫，分左右两列前行。接着，便是出行图中的主人公——宋国河内郡夫人，榜题为"宋国河内郡夫人宋氏出行图"。宋国夫人形象高大，头戴花冠，后插发钗，穿青色大袖交领衣，胸部束裙，骑硕健的长鬃白马，右侧马童牵绳，左侧女侍拱手相随。身后是八位骑马的女眷、女官和端食盒、持扇、抱琴、捧镜前呼后拥的侍仆婢女，画面嘈嘈杂杂，热热闹闹。

出行图的末端一直延续到了洞窟的东壁北侧下部，画面绘制了纵犬追猎、满弓射箭的骑士和驮载酒瓮、负荷食物的骆驼以及鞍鞯齐备的备用马匹。

《宋国河内郡夫人出行图》，是在佛教石窟中热情歌颂真实世俗人物的现实主义杰作。尽管人物众多，但却留有适当的空间，开阔疏朗，体现出了"疏可走马，密不透风"的格局。田园草地的绿色横条和表现田埂阡陌及大道的灰白色横条作为统一的背景横贯全图，而这正是敦煌沙漠绿洲中天宽地阔一望无际的地理环境。众多的红衣、红马营造出了画面暖色调的色彩感和热烈气氛。两幅出行图均可视为"步步观"的散点透视法。物随景移，整个画面不论欣赏那一部分，都是清楚明晰的，而且没有"近大远小"的透视变形，令人感觉舒服而和谐。无名艺术家采用横卷连环画形式，把诸多的内容都包罗其中，它既是古代美术珍品，又是唐代藩镇军制，出征巡游，乐舞百戏的历史镜头，为美术、历史、音乐、舞蹈以及考古研究提供了十分珍贵生动的形象资料。因此，又具有很高的学术价值。

1900年农历五月二十六日，

一位叫做王圆箓的道士发现了藏于第16窟甬道北壁的洞窟。

此窟长宽高皆不足3米，就在这仅19立方米的小窟中，

却保存了公元4世纪到11世纪，中亚、西域及西北地区的文书、法器、绢画等近6万件。

从1907年到1924年，洞中文物经由一些国外探险家之手，

源源不断地流散到了世界各地，

这就是让无数国人扼腕叹息的洞窟，举世闻名的藏经洞。

第八十七讲

伫立千年的凝望

——举世闻名的第17窟藏经洞

1900 年农历五月二十六日，一位叫做王圆箓的道士发现了藏于第 16 窟甬道北壁的洞窟。此窟长宽高皆不足 3 米，就在这仅 19 立方米的小窟中，却保存了公元 4 世纪到 11 世纪，中亚、西域及西北地区的文书、法器、绢画等近 6 万件。从 1907 年到 1924 年，洞中文物经由一些国外探险家之手，源源不断地流散到了世界各地，这就是让无数国人扼腕叹息的洞窟，举世闻名的藏经洞。

　　如果说 1900 年揭开了藏经洞今生的故事，那么就让我们再走进千年前的洞窟中去一探它前世的故事。

　　莫高窟第 17 窟原为晚唐时期敦煌高僧洪辩的禅窟，在其圆寂后，遂改为影堂，安置纪念像，以表功绩。据窟中西壁《洪辩告身碑》载，洪辩法师是吐蕃敦煌佛教教团最高僧官都教授，后在张议潮推翻吐蕃起义的过程中，率僧尼部众给予有力支持，随后派弟子悟真随张议潮派遣的使团一道入朝，大中五年（851）获唐宣宗敕赐告身，为京城内外临坛供奉大德，充河西释门都僧统，摄沙州僧政，法律三学教主并敕黄牒。

莫高窟第 17 窟
洪辩像

　　洪辩身为一代高僧、吐蕃时期都教授、归义军时期都僧统，在敦煌佛教界和世俗界均有重大影响，故而洞窟中还保存了洪辩高僧的真容塑像，放置在带有壶门的方台上，在其后部墙壁上还绘制有高僧日常生活的画面，其中有近事女、比丘尼、圣树、水瓶、挎包等图像。

近事女是指在家受"五戒"的女子，高僧身旁常有的侍者奉事。此窟中的近事女头梳双髻，身穿男子靴衫，腰部系软带，右手执杖，左手持巾子，头部微向前倾，若有所思，静穆的神态中还显露着几分稚气，双目一直凝望着前方的高僧大德。画工用墨线勾勒人物轮廓，线条简练洒脱，寥寥数笔便把一个淡妆的少女描摹而出，也让盛唐以来丰腴为美的造型跃然于壁上。

另一侧执扇的比丘尼，经历了近千余年的时光，样貌已变得模糊，但她却恭敬地站立在圣树之下，挺拔的身姿映衬着苍劲多节的树干。圣树上藤萝缠绕，叶子茂密苍翠，富有无尽的生命力。

据《历代名画记》李雅条中所载，至少到隋朝，高僧写真就似乎有了一定的形制规范要求。莫高窟晚唐第17窟，洪辩高僧像神情怡然，身后持团扇的比丘尼、持杖和方巾的近事女、圣树及所挂的挎包、净瓶，是高僧写真形制的重要历史佐证。

莫高窟第 17 窟　近事女

第9窟的维摩诘经变，
线条流畅、色彩艳丽，画面写实度高且世俗性强，
充分显示出唐代人物画高度的艺术成就和历史价值。

第八十八讲

隔世亦相闻

——第 9 窟维摩诘经变

莫高窟第9窟　维摩诘经变之弟子品（舍利弗宴坐）

480

跨过著名的第 17 窟"藏经洞"，沿着莫高窟南区北侧的斜道缓步攀行，能够看到一座晚唐代表石窟——第 9 窟，此窟建造于晚唐张氏归义军节度使时期。

主室北侧墙壁上绘着一幅维摩诘经变，为此窟壁画之典范。该经变根据东晋时期译经大师鸠摩罗什所译《维摩诘所说经》绘制而成，此题材在莫高窟始见于隋而终于宋，现存 60 余铺。虽数量不算莫高窟诸经变之最，但就其重要性而言，却是首屈一指的。

维摩诘是梵文的音译，意为无垢、净名。佛经中说，维摩诘是一位居士，不出家，却精通佛理。因其能言善辩，故不仅外道诸士惧怕于他，就连佛门中人也对其敬而远之。因此，他经常装病在家，并借人们去探望他的时机，向众人宣讲大乘佛理。

莫高窟隋代的维摩诘经变，最初内容较为单一，仅仅只画"文殊师利问疾"这一单品，构图也略显简单，多呈对称状出现于佛龛两侧。进入唐以后，虽仍以维摩诘和文殊的辩论画面为主体，但在主要人物身旁添加了不少情节，从而实现了与经文基本对应的蜕变，并以占据大半甚至整壁的大篇幅形式存在于主室周围。

第 9 窟中的维摩诘经变虽属于晚唐作品，但较之中唐之后一壁多幅经变的表现形式来说，却仍以整个壁面来反映该主题，用更加广阔的空间来增强经变的完整性。整幅经变除"佛道品""不二法门品""嘱累品"因阐发义理较强，难以绘画外，其余诸品皆有表现。整幅经变自上而下，从左至右分别绘制的是"菩萨行品""香积品""佛国品""不思议品""法供养品""弟子品""文殊师利问疾品""观众生品""菩萨品""见阿閦佛品"以及"方便品"。

画面中的维摩诘坐于帐内，上身前倾，手持麈尾，目光炯炯，嘴唇微启，仿佛正与文殊辩法。这一形象虽在很多石窟均有表现，但在此铺壁画中，画家能够通过强劲的线描把人物的神情姿态表现得如此鲜活，实为难能可贵。维摩诘面部的轮廓以及衣纹的线条充满着韵律，似乎与人物的精神紧密相连。与其相对的文殊菩萨则显得神情安详，表现出从容应对的姿态。如果说维摩诘的描绘彰显出一种强烈的外张之力的话，那么文殊菩萨的形象则要显得更加松弛，这一张一弛竟也在无言的画面中达成了一种平衡。

维摩诘下方的西域人物与文殊菩萨下方的中原君臣，从形象上也同样构成了一种对比。这些西域人物中，很多都是半裸着身体，肌体外露。由于服装上的不统一，画面结构显得相对松散；而中原帝王及大臣们则均着整齐、华美的服饰，形成了规则排列的迫人气势。这一紧一松的对比与上部的两位主角构成呼应，使得作品在视觉上营造出一种张弛有度、疏密相兼的特殊气氛。

第9窟的维摩诘经变，线条流畅、色彩艳丽，画面写实度高且世俗性强，充分显示出唐代人物画高度的艺术成就和历史价值。

莫高窟第85窟窟顶东坡的楞伽经变绘于晚唐时期，全图呈梯形，
中间以巨大空间表现释迦上摩罗耶山、到楞伽城为罗婆那王说法的情形，
周围是围绕该经的各种情节。
莫高窟第85窟开凿之时，禅宗已在敦煌地区广泛传播和流行。
该窟的功德主翟法荣就是一位虔诚的禅宗信仰者，
所以该窟采用与禅宗有关题材来突出禅学思想。
整幅经变画面布局严谨，色彩艳丽，存留有榜题71个，可辨识的66个，
为敦煌石窟楞伽经变中的杰出作品。

第八十九讲

——第 85 窟楞伽经变

以浅显比喻，释晦涩经文

莫高窟第 85 窟　楞伽经变全图

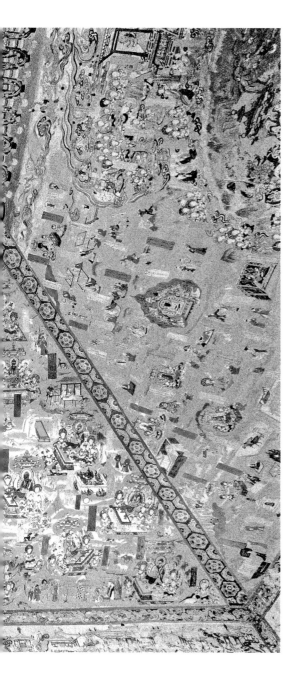

这一讲，我们将带领大家欣赏一幅基于玄奥佛理创作的经变画，它就是位于第85窟的楞伽经变。

《楞伽经》的梵文原本形成于古印度笈多王朝时期，大致是公元4—6世纪，属于中期大乘佛教经典之一，也是早期禅宗依据的主要经典之一，于公元5世纪中叶传入中国。

"楞伽"指楞伽山，是位于印度半岛南端的锡兰岛，今天的斯里兰卡，相传这里是释迦宣讲《楞伽经》的地方。经文偏重理论研究和哲学说明，强调"三界唯心"，即宇宙万物皆是虚假不实，唯有自心所见。

学者的研究表明，楞伽经变不见于古印度、中亚及我国新疆古龟兹地区的石窟，应是中原画师首创，但画史中的楞伽经变没有保存下来，现存实物均保存于敦煌壁画中。敦煌现存的12铺楞伽经变，除莫高窟第236窟南壁一铺是吐蕃占领敦煌时期绘制外，其余全部绘制于归义军时期，即公元848—1136年。经变所依据的是初唐实叉难陀翻译的《大乘入楞伽经》，表现内容最多的是"罗婆那王劝请品""无常品""断食肉品""偈颂品"等。

莫高窟第 85 窟窟顶东坡的楞伽经变绘于晚唐时期，全图呈梯形，中间以巨大空间表现释迦上摩罗耶山、到楞伽城为罗婆那王说法的情形，周围是围绕该经的各种情节。莫高窟第 85 窟开凿之时，禅宗已在敦煌地区广泛传播和流行。该窟的功德主翟法荣就是一位虔诚的禅宗信仰者，所以该窟采用与禅宗有关题材来突出禅学思想。整幅经变画面布局严谨，色彩艳丽，存留有榜题 71 个，可辨识的 66 个，为敦煌石窟楞伽经变中的杰出作品。

壁画中间大面积绘制的是释迦上摩罗耶山说法的内容，分为龙宫说法、天龙奉迎释迦、罗婆那王下山请佛、释迦上楞伽城、楞伽城说法、化现无量宝山及十方佛国 7 组画面。

龙宫说法图，表现的是碧波大海中有一茧形龙宫，释迦在宫内结跏趺坐，举起右手说法。龙王面向佛席地而跪，双手合十，身后有两名眷属。龙宫满地画有白点，以示白金铺地，下方有红底墨书榜题"尔时世尊于海王龙宫说法"。

龙宫说法图下部，有佛陀与二菩萨立于彩云之上，飘游至海边。佛穿福田袈裟，帝释天、梵天、护世诸天龙等八身在海边恭迎。中间有墨书榜题"过七日已，从大海出，有无（量）亿梵释诸天龙等，奉迎于佛"。

天龙奉迎释迦图的左面，绘有一朵祥云从摩罗耶山飘至海边，云上"花宫殿"内的罗婆那王、夜叉、天女下山请佛。罗婆那王长有十头，故称十首夜叉王，但画面只绘出六头。

由于《楞伽经》文字深奥古朴，晦涩难懂，敦煌画师依据《大乘入楞伽经》创作出大量比喻画穿插于说法图之间，从各方面解释《楞伽经》奥义，共有照镜喻、陶师喻、幻师喻、象马喻、乾城喻、灯火喻等17种比喻画。画旁榜题也在某种程度上起到帮助理解佛经教义的作用。

以照镜喻为例，第85窟楞伽经变下画一世俗男子，穿一身黑袍，站在镜前照镜。以此比喻众生成佛是顿悟，犹如物体在镜中显现是顿现，不是渐现，反映了禅宗南宗慧能一派顿悟成佛的思想。

良医喻右侧有墨书榜题"譬如众病人，良医随授药。如来为众生，随心应量说"，比喻佛陀为众生说法，视不同心量而说不同的法，犹如良医治病，对症下药。

陶师喻左侧有墨书榜题"如陶师造器，渐而非顿。诸佛如来，净诸众生，自心现流，亦复如是，渐而非顿"，比喻众生修炼成佛，需要经过逐渐觉悟的过程。

此外，为劝诫善男信女勿杀生食肉，第85窟楞伽经变还描绘了屠宰和买卖肉食的画面。依据佛经，这些画面本意是要劝人们禁断食肉，但客观上却反映了敦煌晚唐归义军统治时期肉市买卖的真实场景，成为反映当时世俗生活的珍贵资料。

回鹘时期

回鹘原称为回纥，曾是铁勒诸部的一支，
其后统一铁勒诸部，回纥逐渐成为铁勒诸部的统称。
公元8世纪末改称回鹘，取"回旋轻捷如鹘"之义。
当回鹘逐渐开始进行南迁、西迁，甘州、西州便一度成为他们的聚居之地。

回鹘衣装回鹘马

——回鹘王及王妃供养像

回鹘原称为回纥，曾是铁勒诸部的一支，其后统一铁勒诸部，回纥逐渐成为铁勒诸部的统称。公元 8 世纪末改称回鹘，取"回旋轻捷如鹘"之义。当回鹘逐渐开始进行南迁、西迁，甘州、西州便一度成为他们的聚居之地。

在河西一隅的敦煌，也留下了回鹘的印记。莫高窟回鹘时期的 23 个洞窟中，有 13 个洞窟绘制了回鹘王和王妃的供养像，尤以第 409 窟的回鹘王及王妃的供养像最为完整清晰。

莫高窟第 409 窟
回鹘王供养像（回鹘王礼服）

壁画中的回鹘王脸型丰满，眼似柳叶，鼻梁高隆，头戴形似莲花花瓣或桃形装饰的小冠，以红组缨系于颔下，冠后有垂至腰间的绢带。这种高冠是用毛毡制作，由初唐来自西域的波斯商人带入中原，是一种仿古波斯风格的尖顶形金冠，在长安相当流行。这种典型回鹘桃形装饰金冠也颇受当时妇女的青睐。

回鹘王身着圆领窄袖团龙纹锦袍，腰束蹀躞带，下穿长靿六合靴。团龙锦袍中的龙纹象征着其王者的身份，衣领和衣袖均镶嵌有织金锦的缘边，衣衩高至腰部，露出了绿色的衣里。腰间所束蹀躞带上，缀方形带銙，下垂短剑、小刀、砺石及解结锥等物。解结锥又名解针，以黄羊角尖做成，用以解绳结。蹀躞带不仅在唐代流行，在五代至宋代的西北地区的少数民族中依然盛行不衰。

回鹘王身前立一少年，所着衣饰皆与回鹘王相同，只是长袍没有图案，似为王子。随后的侍从头戴平顶扇形便帽，后垂发辫，身着大褶衣，内着白袴，腰束蹀躞带，佩巾，足蹬白色毡靴，分别举着权杖、背盾，张伞盖，执龙纹扇，捧刀、弓、剑、箭、铁爪篱等武器。

另一侧为两位回鹘王妃和一上身半裸的孩童。孩童右手举花束，正回头展望，一副天真烂漫的样子。两位回鹘王妃皆为"宽发双鬟抱面"，上插钗钿和步摇，双耳佩环垂珠饰。脸部有红粉化妆，前额和面颊有花靥。回鹘妇女无论尊卑，多梳高耸的回鹘髻，束发于顶，呈高丸髻状，根部以红绢系裹，发髻上饰以花钗，与《新五代史·回鹘传》中"妇人总发为髻，高五六寸，以红绢囊之"的记载相符。这种回鹘高髻早在隋唐时期已经在中原相当流行，宋、元代依然盛行，直至明代以后逐渐衰落了。

王妃头上立一桃形冠，冠上饰凤凰并镶嵌瑟瑟（宝石名）、玉珠等，头后垂红色结绶带并飘至地面。她们身着典型的大翻领、窄袖、长裾曳地的回鹘装，在翻领部及窄袖部均镶嵌彩绣花边。翻领窄袖紧身衣裙的回鹘女装也很有特色，在花蕊夫人的《宫词》中载有"回鹘衣装回鹘马，就中偏称小腰身"，那凸显妇女窈窕身态的"小腰身"，记录的就是历史中一度风靡的回鹘装。

回鹘曾创造出统治漠北草原的盛况，回鹘的足迹曾遍布高原、戈壁、沙漠，回鹘也成为中国及世界历史中延续至今的民族之一。

五代

华服衣冠，
瑞兽相护

——于阗国王供养人像

在五代这个政权林立的特殊时期，
由于曹氏家族与于阗王族的联姻政策，使得敦煌与于阗进入一个密切交流的时期，
于阗王族在服饰制度、佛教信仰方式上趋于汉化。
这种汉化的倾向甚至西传到了于阗本土，使得晚期于阗出现了汉风明显的图像。

大朝大寶于闐國大聖天明天子

敦煌现存四身于阗国王的供养人像，分别位于莫高窟第 98、4、454 窟和榆林窟第 31 窟，其中第 98 窟的于阗国王像高达 2.8 米，是莫高窟最大的供养人像。第 98 窟是曹氏归义军首任节度使——曹议金执政期间营建的，也就是公元 923—935 年，中原大地上已经进入了五代十国阶段。第 98 窟现存供养人画像二百余身，于阗国王李圣天画像位于该窟主室东壁门南侧。为什么在曹氏执政的敦煌，会有于阗国王的供养人像呢？

这要从曹氏和于阗的关系说起。曹议金执政时期为了巩固归义军政权，维护周边安定团结，将女儿嫁给于阗国王李圣天。李圣天本名尉迟散跋婆，于公元 912 年继位。他深受汉文化影响，登基后为自己起了汉名，而且效仿中原使用年号，先后使用同庆、天兴、天寿等年号。于阗国内的行政制度、职官制度、宫殿建筑等，处处模仿唐朝。李圣天自称唐之宗属，公元 938 年派遣使者马继荣到中原进贡红盐、郁金、牦牛尾等，后晋朝廷派遣供奉官张匡邺与彰武军节度判官高居诲等出使于阗，册封李圣天为大宝于阗国王。

为庆贺李圣天被后晋册封为于阗王，曹家可能把原来绘制在东壁门南侧下部的回鹘可汗及其眷属的供养像覆盖掉，重绘上于阗国王李圣天及其皇后曹氏的画像，而把曹议金的三位夫人即回鹘天公主、钜鹿索氏、广平宋氏的供养像重绘在东壁门北侧下部，绘制时间约在于阗使者从于阗前往中原时途经敦煌之际，约 941 年。

据张小刚《再论敦煌石窟中的于阗国王与皇后及公主画像》，莫高窟第 98 窟的于阗国王供养人像与汉人相似，这与《魏书》中《于阗传》所记载的"自高昌以西诸国人等，深目高鼻，唯此一国，貌不甚胡，颇类华夏"相符合，也印证了后晋册封使高居诲所谓"圣天衣冠如中国"的说法。他头戴冕旒，身着衮服，一派中国帝王的装扮。头顶有大华盖，两侧二童子飞天，脚下从地中伸出地神，手托于阗国王二脚，腰佩一较长手柄状饰剑。画像前有题记"大朝大宝于阗国大圣大明天子……即是窟主"。"即是窟主"四字较小，而且距离前面的文字较远，可能是绘制供养像时原来所题写的文字。

国王冕冠上使用了大量绿玉珠作为装饰，冕板表面镶嵌北斗七星，前后各有六道旒珠垂下，合为十二旒。帽身表面雕刻数条缠绕的金龙。研究者表示，头后系红色绢带，下垂至背部，这与北魏宋云《宋云行记》中提到的于阗国王"头后垂二尺生绢，广五寸以为饰"的记载正相符合，说明这种垂带可能是于阗国王等当地贵族传统的装束。内着窄袖素纱中单，外罩交领右衽大袖玄色衮衣。衮衣两肩处分绘日、月图案，衣袖上绘龙、虎、云等纹饰，衣缘处用一整二半如意形团花图案作为装饰。

图中于阗国王戴有镶嵌绿玉的耳坠与戒指，左手持镶嵌绿玉的香炉，右手拈一株金色花，腰佩白玉雕拳形剑首，既反映出于阗地方男性贵族戴耳坠与戒指的习俗，又表示了于阗是产玉之国。

此外，研究表明，于阗国王供养像面前绘有一只俯冲而下的火兽，火兽后半身被火焰包围，露出前半身，身体表面有鳞片，两条前腿一上一下，口吐火焰。据学者考证，佛教文献记载，火龙具有守护未来佛弥勒菩萨头冠的职能。中唐至北宋初年，火龙守护弥勒头冠的故事在敦煌当地应该是为人熟知的，于阗国王作为与弥勒菩萨化身的尉迟散跋婆王同名的国王及其后裔，在绘制于阗国王供养画像时，表现其得到火龙的守护理所当然。

于阗国王供养像中的于阗特点，主要体现在托足的地天。这一神祇在新疆和田、库车等地的佛教壁画中均有发现，通常出现在佛、毗沙门天王、贵族供养人的双足之间。于阗国王脚下出现地神，被认为是因其作为毗沙门天王的胤嗣，在图像上受到毗沙门天王像的影响。于阗是佛教信仰十分发达的社会，其中毗沙门天王信仰是最具代表性的。《大唐西域记》记载毗沙门天王为于阗护国神，因此在绘制于阗国王供养像时将其中的宗教意义同画像一同表现。

在五代这个政权林立的特殊时期，由于曹氏家族与于阗王族的联姻政策，使得敦煌与于阗进入到一个密切交流的时期，于阗王族在服饰制度、佛教信仰方式上趋于汉化。这种汉化的倾向甚至西传到了于阗本土，使得晚期于阗出现了汉风明显的图像。

咫尺之图，写千里之景

—— 报恩经变

《报恩经》又名《大方便佛报恩经》，共7卷9品，形成于南朝。

据研究，《报恩经》是截取《大般涅槃经》《贤愚经》《杂宝藏经》等佛典中某些

能够反映忠孝思想的故事改编而来的，

由于比较符合中国的传统思想，所以其中很多故事可谓家喻户晓。

敦煌壁画中根据《报恩经》绘制的报恩经变始见于盛唐而止于宋，共30余铺，

其中"序品""孝养品""恶友品""论议品"和"亲近品"等相对较为常见。

报恩思想是中国传统儒家伦理思想的重要组成部分。佛教传入中国后，为适应中国的传统伦理思想，不断融合儒家学派的思想，对自身加以完善，才最终形成与传统文化相适应的佛教报恩思想。《报恩经》即是这一历史背景下的特殊产物。《报恩经》又名《大方便佛报恩经》，共 7 卷 9 品，形成于南朝。据研究，《报恩经》是截取《大般涅槃经》《贤愚经》《杂宝藏经》等佛典中某些能够反映忠孝思想的故事改编而来的，由于比较符合中国的传统思想，所以其中很多故事可谓家喻户晓。敦煌壁画中根据《报恩经》绘制的报恩经变始见于盛唐而止于宋，共 30 余铺，其中"序品""孝养品""恶友品""论议品"和"亲近品"等相对较为常见。

莫高窟第 146 窟建于五代，即公元 907—960 年，主室南壁东起第一幅所绘的报恩经变就是这一时期同题材中的代表作。画面以说法图的形式展开，下方为该经序品，主要讲述了阿难在途中遇到一个婆罗门在乞食，所得美食全部孝敬父母，不好的食物则留给了自己。六师外道借机诋毁释迦牟尼不报父母养育之恩。阿难就此请示于佛，释迦牟尼便为众生宣讲《大方便佛报恩经》，以展示过去自己的种种报恩行为。

莫高窟第 146 窟的报恩经变，以释迦牟尼说法为中心，画面左上角画的是"亲近品"，讲述的是"金毛狮子本缘故事"；右上角则描绘着"论议品"，为"鹿母夫人生莲故事"的精彩片段；序品左侧为"恶友品"，即古印度波罗奈国太子善友为救济众生，前往龙宫求取宝珠的故事。但最感人的还要数序品右侧的"孝养品"了，故事讲述的是古印度特叉尸利国，国王提婆有十个儿子，各领辖一个小国。大臣罗睺弑杀老国王提婆而篡国，又用兵诛灭诸小国。最小的王子善住闻讯携妻儿逃难，却误入歧路，途中断粮。善住想杀妻充饥，但其子须阇提仁孝，割己肉以供父母食用。后帝释天又化作狮虎来试探须阇提是否心诚。帝释天被须阇提的精神打动，以神力令其身体复原。最后，邻国发兵助善住平叛复国，皆大欢喜。

莫高窟第146窟　孝养品

整幅经变洋溢着儒家的忠、孝、仁气息，其间又夹杂有佛教的因果循环和善恶有报思想。报恩经变的出现，可以说是佛教受儒家思想渗透的结果，也是佛教积极与中国传统文化相融合的产物。

丹楹刻桷，
层台累榭

『宝库』

——敦煌壁画中的古建筑

全图采用鸟瞰式透视法，形象描绘了五台山耸峙，
萦回千里的境界及五台山周围数百里的山川景色，
把艺术想象和现实生活结合在一起，把宗教神灵和世俗人物绘于一壁，
神圣庄严而富于生活气息，不仅是内容丰富的佛教史迹画，
也是气势壮观的山水人物画，
是研究唐代佛教史、社会史、交通史、地理史和古代建筑史的珍贵史料。

508

莫高窟第61窟　五台山图

五台山，又名"清凉山"，是中国四大佛教名山之首。在敦煌众多的石窟中，不乏和五台山相关的佛教作品，它们多以"五台山图"的形式呈现在墙壁上。莫高窟现存的五台山图共有 7 幅，除第 61 窟的五台山图外，其他各窟的均为屏风画形式。

第 61 窟是敦煌石窟中为数不多的几个大型洞窟之一，是五代时期归义军节度使曹元忠所开，建成年代在 947—951 年之间，因其主要是供奉文殊菩萨而被称为"文殊堂"，它反映了五台山文殊信仰在敦煌盛行的事实。

该窟窟室正壁绘出了作为文殊菩萨道场的五台山，画面长 13.45 米，高 3.42 米，详细地描绘了从山西太原经五台山至河北镇州（今正定县）800 余里范围内的山川地形，还画出了大大小小的村庄城镇、寺庵殿塔等 200 余处建筑。其中有寺院 47 座，兰若 17 座，佛庵 21 座，多见于史料记载。

位于五台山图中间位置的是大圣文殊真身殿，据位置判断该寺很有可能是文殊真容院。《广清凉传》与《宋高僧传》中说真容院曾有法忍、法顺、浩威等高僧在此修行。文献记载真容院兴起于晚唐、五代时期，为五台山各寺院之首，与此幅五台山图创作年代相近，因此被绘于图像正中的位置。

大清凉寺是五台山最古老的寺院之一，据《古清凉传》记载，该寺创建于北魏孝文帝时代。平面为方形，院中二层佛殿居中，两侧一边为三层楼阁，一边为二层楼阁，形成不对称布局。

大佛光寺廊院四角建角楼，院内中轴线上有一座二层佛殿。据《古清凉传》记载，该寺创建于北魏孝文帝时期，"有佛堂三间，僧室十余间，尊仪肃穆，林泉清茂"。据记载，此寺在唐会昌法难之前有一座七间三层的弥勒大阁，五台山现存的佛光寺大殿重建于唐大中十一年（857），说明图中反映的是佛光寺较早的情况。

大法华寺为神英和尚所建，《古清凉传》记载，神英"以唐开元四年夏六月中旬到（五台）山，愿礼大圣，止华严王院"。

据学者考证关于建安寺，史籍著录较少。《广清凉传》："尼法空者，本姓韩氏，宣州人也。幼时辞亲，诣五台山西南一百余里建安寺出家。"从现存资料看，建安寺应该规模很大，有很多院落，还建有专供女子修行的尼姑庵。

大金阁寺相传为王维之弟，时任宰相的王缙出资修建，位于画面南台之顶一侧。门、回廊、角楼、佛殿格局完整，佛殿前左右两侧各有一座重檐歇山顶二层

阁楼。回廊后又有三层阁楼一座，建筑恢宏。据记载该寺初建于唐大历五年，即公元 770 年，铸铜为瓦，涂金瓦上，照辉山谷，因名金阁寺。

大竹林寺位于今五台县台怀镇西南，是唐代高僧法照主持营造。据《入唐求法巡礼行记》记载，唐代大竹林寺规模很大，包括：律院、库院、花严院、法花院、阁院、佛殿院，书中还详尽记载了该寺院举行斋戒佛会时的盛大场景。

全图采用鸟瞰式透视法，形象描绘了五台山耸峙，萦回千里的境界及五台山周围数百里的山川景色，把艺术想象和现实生活结合在一起，把宗教神灵和世俗人物绘于一壁，神圣庄严而富于生活气息，不仅是内容丰富的佛教史迹画，也是气势壮观的山水人物画，是研究唐代佛教史、社会史、交通史、地理史和古代建筑史的珍贵史料。

方寸之间，
绘世俗百态

—— 第 61 窟五台山图

建于五代时期的第61窟，其西壁绘有莫高窟规模最大的五台山图。
在这幅45平方米的鸿篇巨制中，绘有众多城郭、寺庙、草庵、佛塔，
其间还穿插有高僧说法、信徒巡礼、著名史迹等诸多内容。
如此规模宏大、丰富详尽的五台山图不仅仅是敦煌，
即便在世界范围内也是鲜有其匹的。

五台山图的出现与当时人们对文殊菩萨的崇拜有着紧密的联系，而文殊信仰的流行则要归功于《华严经》在中国的传播。自南北朝之后，《华严经》在中国流传甚广，唐代甚至产生了以信奉《华严经》为主的华严宗，而现今山西大同依旧保存着的上、下华严寺等佛教建筑，便足以证明华严宗与五台山的密切关系。除五台山图外，敦煌壁画中还出现了一些特殊的文殊题材，如莫高窟第 220 窟甬道北壁的"新样文殊"，图中就把一贯牵狮的昆仑奴换成了罕见的于阗国王。由此看来，文殊信仰在丝绸之路上并非止步于敦煌，还远播于阗。

　　建于五代时期的第 61 窟，其西壁绘有莫高窟规模最大的五台山图。在这幅 45 平方米的鸿篇巨制中，绘有众多城郭、寺庙、草庵、佛塔，其间还穿插有高僧说法、信徒巡礼、著名史迹等诸多内容。如此规模宏大、丰富详尽的五台山图不仅仅是敦煌，即便在世界范围内也是鲜有其匹的。

　　除建筑题材外，五台山图最引人注目的就是画面中保留有大量的佛教历史资料，有的甚至还填补了史书中未曾涉及的内容。金刚窟，位于北台附近，是五台山中一个非常神秘的地方。据传，唐朝初年西域僧人佛陀波利为寻文殊而深入五台山，最后隐于金刚窟内。在这幅地图的中部，大贤之寺的下方，就画有一行脚僧，对面有一老者，两人做对谈状。二人中间榜题为："佛陀波利从罽宾国来寻台峰，遂见文殊化老人身，路问其由。"此图中的人物与史料记载完全相符，应是表现印度僧人佛陀波利上五台山的故事。

莫高窟第61窟　佛陀波利

　　图中还描绘了一些重要的政治元素，如新罗王塔、高丽王使、新罗送供使等，这使我们对五台山与古代朝鲜半岛的关系有了新的认识。图中的新罗送供使不仅头戴幞头，而且身穿团领服装，这符合朝鲜半岛古文献中的记载，表明了所画之人应是统一新罗时期的使者。高丽王使图中的三个人身穿团领短衣，这大概与高丽建国初期，依然承袭统一新罗时期的服饰制度有着一定的关系。图中的高丽人穿着短裙、白色长裤以及适合春、夏、秋三季佩戴的笠帽，这正是高丽建国初期人们所穿的冠服。此外，古代朝鲜僧人也与中国佛教有着紧密的联系，很多史籍中就记载有不少新罗僧的事迹，相信来华的新罗、高丽僧完全有可能借此机会拜访像五台山这样的佛教名山。

莫高窟第 61 窟　推磨　　　　　　　　　　　莫高窟第 61 窟　驮运

　　社会生活场景的广泛描绘则是五台山图的又一个亮点，在地图右下角的"灵口之店"旁画有一幅推磨图，图中两人绕着石磨，相互用力，协作劳动，显得格外生动有趣。左下角的太原城前还绘有一列驼队，驮运是丝路古道上影响深远的一种独特运输方式，它是在特定的历史条件和地理环境中形成的，这对研究东西各地的文化交融和驼道沿线的风土人情、生活习俗、商贸历史、生产技术等方面都有着较为重要的参考价值。

　　在今天看来，五台山图的意义并不局限于它的建筑研究价值，更胜在其丰富的世俗文化构成。除上述内容之外，图中还能看到大量的舂米、赶驴、送供、行旅、坐禅等情节，这为今天的我们提供了不可多得的珍贵史料。

胡服何葳蕤，
仙仙登绮墀

——第61窟女供养人像

莫高窟第61窟建造于曹氏政权的鼎盛时期，
是敦煌石窟中规模最大、内容最丰富、艺术成就最具代表性的洞窟之一。
现今所见洞窟内容基本保存初建原貌，
唯独甬道被后代重修。
曹氏归义军五世七任节度使统治敦煌120余年，
其中曹元忠在位29年，统治时间最长，第61窟就是他执政期间建造的，
窟内有一个显著特征就是供养人像列中女性供养人多。

莫高窟第61窟　曹议金夫人供养像

　　莫高窟第61窟建造于曹氏政权的鼎盛时期，是敦煌石窟中规模最大、内容最丰富、艺术成就最具代表性的洞窟之一。现今所见洞窟内容基本保存初建原貌，唯独甬道被后代重修。曹氏归义军五世七任节度使统治敦煌120余年，其中曹元忠在位29年，统治时间最长，第61窟就是他执政期间建造的，窟内有一个显著特征就是供养人像列中女性供养人多。

　　东壁南侧第一身为曹元忠之父曹议金的回鹘夫人，第二身为曹元忠姐姐，即嫁给回鹘可汗的天公主，第三位是嫁给于阗国王的曹元忠姐姐，第四位是曹元忠生母广平宋氏。如此排序体现出对回鹘和于阗的尊重。

　　前两身供养人都头戴桃形冠，身穿翻领大袍，项饰珠宝，面部装饰花钿，表现出典型的回鹘民族服饰特点。

　　榜题为"大朝大于阗国大政大明天册全封至孝皇帝天皇后曹氏一心供养"，于阗皇后曹氏所佩戴的莲花立凤冠当是其皇后身份的象征。头冠之外，衣裙、帔帛上的缠枝鸟纹，鸟身纤细，尾羽修长。可见于阗皇后的服饰遵从的礼仪规格当是来自中原的皇后礼服。

宋

万物有灵，
共生和鸣

—— 金光明经变

金光明经变是敦煌壁画中较为独特的经变画，
据《历代名画记》和《益州名画录》记载，
《金光明经》图像在长安、西蜀等地均有绘制，
但在中原地区却没有金光明经变图像保存下来，
然而在西部边陲的敦煌、高昌等地保存了数十幅金光明经变，
这其中包括存于莫高窟的十一铺。
因此，从文化角度看，
莫高窟的任何一铺金光明经变都是传世珍品。

金光明经变是敦煌壁画中较为独特的经变画，据《历代名画记》和《益州名画录》记载，《金光明经》图像在长安、西蜀等地均有绘制，但在中原地区却没有金光明经变图像保存下来，然而在西部边陲的敦煌、高昌等地保存了数十幅金光明经变，这其中包括存于莫高窟的十一铺。因此，从文化角度看，莫高窟的任何一铺金光明经变都是传世珍品。

《金光明经》是一部在西域、敦煌及中原地区有着广泛影响力的经典，与《妙法莲华经》《护国仁王经》并称为镇护国家的三部经典。在佛教看来，念诵此三经，国家及持诵人可得四大天王守卫，使一切世间有情安稳康乐。《金光明经》包含了大量护国护法、忏悔灭罪的思想，并在传播、信奉的过程中伴随着大量灵验事迹，加之经中的长者子流水护生、萨埵太子舍身饲虎等著名故事，使得这部经成为被广泛持诵的大乘经典，并在民间有着广泛的信仰。

敦煌莫高窟的金光明经变最早出现在吐蕃统治敦煌时期，至北宋时期仍有绘制，图像均是以金光明法会为中心，经典依据为唐代义净所译的《金光明最胜王经》。在敦煌石窟中，第154窟的两铺金光明最胜王经变是最早出现的形式完备的金光明经变，此后诸版本多在此基础上进行调整，主要表现为两侧的"长者子流水品"和"舍身品"的位置变化。莫高窟第55窟建于宋初，东壁南侧绘制的金光明经变是较晚的一铺，画面中央的金光明法会中心绘制了佛在王舍城鹫峰山讲深胜大法，左右两侧为上首菩萨及其部众听法，经变中的"四天王护国品""大辩才天女品""大吉祥天女品""坚牢地神品""僧慎尔耶药又大将品"等各品分别绘制在金光明说法会下部,并以上中下三排,左右相向排列的形式进行布局,它们之间都以小方框榜书自然分割开来。主体画面的左右两侧分别绘制了"舍身品"和"长者子流水品"。

其中,"长者子流水品"为此经之重点,该故事自下而上展开,内容大致为:有一位叫流水的长者心地仁慈,行医为生,流水长者经常带二子水空、水藏游历于城乡间,治病救人。有一次,他们在野外看到有一水池快要干涸,池中之鱼在烈日曝晒下将为鸟兽所食。流水长者心生慈悲,寻找树枝覆盖水池,并借二十头大象运河水,更对池中之鱼施与饮食,池中之鱼才得以再生。后来万鱼命终,灵魂升入天界,转世为一万天子。一天,流水长者宴请宾客,醉卧高楼。此时,大地震动,一万天子从天而降,将许多珍珠璎珞放于流水长者身边,又撒鲜花报答流水长者的救命之恩。

"长者子流水品"和"舍身品"表现的是《金光明经》中所谓的"大悲接物"部分,为该经之精髓。从世俗信仰来讲,这两品故事性强,便于接受,虽这铺经变画从本身来看,艺术形式因其特殊的历史原因而逐渐趋于僵化,但它所传达的慈悲众生、戒杀护生与和谐共生的思想却流传千年,依然熠熠生辉。

西境佛国

于阗是中国古代西域著名的佛教圣地。

晚唐至北宋初期，敦煌的归义军政权与于阗王国之间建立了非常密切的关系……

两地间来往的人员更是络绎不绝，政治、宗教等交流连续不断，

敦煌石窟壁画中也出现了于阗国王、皇后、公主等于阗王室供养人的画像。

在这种历史背景下，来自于阗地区带有神异色彩的传说、圣迹、

瑞像等佛教感通造像题材在9—10世纪大量地出现在敦煌石窟之中。

其中尤以敦煌壁画中的瑞像图最为精彩。

于阗国中心，即今新疆维吾尔自治区和阗（和田）县。于阗国，是塔里木盆地南缘一个古老的民族政权。公元前 2 世纪（西汉时代），尉迟氏在此建立于阗国，到了唐朝，于阗国曾是唐安西都护府安西四镇之一。9 世纪末叶，于阗开始和敦煌的归义军政权交往。于阗是中国古代西域著名的佛教圣地。晚唐至北宋初期，敦煌的归义军政权与于阗王国之间建立了非常密切的关系，尤其是五代宋初曹氏执掌归义军政权时，统治者之间相互通婚，节度使曹议金的女儿嫁给于阗国王李圣天做皇后，节度使曹延禄则娶于阗公主为妻，两地间来往的人员更是络绎不绝，政治、宗教等交流连续不断，敦煌石窟壁画中也出现了于阗国王、皇后、公主等于阗王室供养人的画像。在这种历史背景下，来自于阗地区带有神异色彩的传说、圣迹、瑞像等佛教感通造像题材在 9—10 世纪大量地出现在敦煌石窟之中。其中尤以敦煌壁画中的瑞像图最为精彩。

莫高窟于阗牛头山瑞像图始于中唐，终于宋。共保存了 19 处，其中 6 处已经毁坏。第 454 窟的于阗牛头山瑞像图，就是敦煌宋代时期记录于阗圣迹的代表。

于阗牛头山的神奇之处，要从佛教传入于阗开始讲起。相传佛教传入于阗之初，其百姓皆不信仰，不仅对佛教徒不尊敬，甚至僧徒化缘常吃闭门羹，如此便惹恼了龙神，把于阗变成了大湖。此时只见过沙海的于阗百姓看到如此大水，不知所以，只有都城西南牛头山上寺中佛像常放光芒，夜晚光亮如昼。于阗百姓不知是祸是福，终日惶惶不安。

一日，着袈裟的释迦牟尼携弟子们自牛头山而下，面湖而立。于阗百姓蜂拥而至，只见佛头上射出金光三百六十三道，

莫高窟第 454 窟
牛头山图下半部

看到如此神通，便对释迦牟尼刮目相看。释迦牟尼对于阗百姓说，你们过去不谙佛法，应有此劫。百姓乞求佛为他们解除苦难，于是佛便为他们宣讲了佛法，并告知适才的金光便是今后于阗建立寺院的数目。说完命舍利弗用锡杖，毗沙门天王用锐枪向湖底猛刺，刺完后佛带领弟子登山，如履平地似的上了牛头山。湖水下降，被淹没的土地又再次露了出来。从此于阗百姓皈依佛门，牛头山香火不断，成为闻名的佛教圣地。

莫高窟第 454 窟牛头山瑞像图秉持了惯有的绘画形式，笔触细腻、繁简得当、井然有序，但更具象化地突出了牛头山及山上的塔寺。另把贤劫千佛安放在了佛身侧两翼展开的双层伽蓝内，上下皆为成对而飞的菩萨及龙王等护持。画工以独特的构思呈现真实的牛头，并将牛头居中的部分，巧妙绘制成了通往牛头山佛寺的天梯，彼时天梯上登临之人不断，而登临天梯之人却显得非常渺小，更加凸显出牛头山庞大的体量。

如今，于阗圣迹牛头山早已湮没在历史的尘埃中，而这幅瑞像图让遗失了上千年的于阗佛国，再次重现圣境辉煌，令我们倍感珍贵。

西夏

宝冠璎珞，
披帛飞扬

——西夏供养菩萨像

菩萨，是"菩提萨埵"的简称，

在梵文中的意思是"觉悟有情""道心众生"，解脱生死但不离生死，

以便随类度化有缘众生，

是大乘佛教的一个果位（佛教用语，指修佛所达到的境界）。

在佛教看来，菩萨都是大慈大悲，大喜大舍，度众生出生死苦海，

不再六道轮回，得大快乐；

菩萨自利利他，自利者以自身修行达到圣人境界，利他者度凡夫得证菩萨境界。

莫高窟第 328 窟　供养菩萨

菩萨，是"菩提萨埵"的简称，在梵文中的意思是"觉悟有情""道心众生"，解脱生死但不离生死，以便随类度化有缘众生，是大乘佛教的一个果位（佛教用语，指修佛所达到的境界）。在佛教看来，菩萨都是大慈大悲，大喜大舍，度众生出生死苦海，不再六道轮回，得大快乐；菩萨自利利他，自利者以自身修行达到圣人境界，利他者度凡夫得证菩萨境界。

在《大方广佛华严经》中说到，菩萨的品位分为：十信、十住、十行、十回向、四加行（暖、顶、忍、世第一）、十地、等觉、妙觉。佛经中经常提到的观音、普贤、大势至、地藏、文殊等，就是等觉品位的菩萨（胁侍菩萨），他们修行觉悟仅次于佛陀或等同于佛陀，在没有成佛前，常在佛陀的身边，协助佛陀弘扬佛法，教化众生。

佛国世界里菩萨有多少，谁也说不清，谁也无法计算。而在佛国世界中还有一类菩萨，品位略低于等觉菩萨，但是却经常出现于充满世俗化、民间化的佛教洞窟之中，绘画题材也是妙趣横生，他们就是供养菩萨，如奏乐菩萨、歌舞菩萨、献花菩萨、敬香菩萨、燃灯菩萨、跪拜菩萨、持经菩萨、赴会菩萨、听法菩萨、思维菩萨、禅定菩萨等。供养菩萨的姿势有站、有坐、有蹲、有跪，供养菩萨没有规定的法相和手印，画家们可以任意创造，所以供养菩萨不仅形态众多，数量也相当大。

在佛教艺术圣地莫高窟就保存了从南北朝到西夏、元近十个朝代各式各样的供养菩萨形象。其中西夏时期的菩萨形象更是别具一格，以莫高窟第328窟东壁北侧的菩萨为例，便会发现敦煌石窟中西夏的绘画作品承袭自北宋敦煌石窟艺术。

西夏（1038—1227）是由党项人李元昊在兴庆府（今宁夏银川）建立的西北民族割据政权之一，又称白上国，国祚190年，疆域"东尽黄河，西界玉门，南接萧关，北控大漠，地方万余里"，与北宋、辽平分秋色，后期与南宋、金鼎足而立，被称为"三分天下居其一，雄踞西北两百年"。

第328窟东壁的供养菩萨先以墨线起稿，敷彩完毕后，在肌肤颜面部位再以赭红线定稿，用色以青、绿、白等冷色与赭红色作对比。该画色彩保存如新，色调热烈明快，绘工较细致。敦煌壁画中宋、西夏菩萨形象高大，身上的衣饰华丽而精致，所覆之璎珞绝美而别致，虽然人物表情较为平和，但无不显示出对佛的崇敬之情。此幅壁画作品虽为莫高窟较为常见的题材，但是通过西夏时期独特的民族特性的演绎，让其更加具有了西夏所独有的神秘气质。

金轮佛顶，
云炽盛光

——西夏炽盛光佛图

炽盛光佛，又名炽盛光如来，是释迦牟尼的教令轮身。
所谓教令轮身，是指释迦如来为教化受魔障遮蔽的众生，
现凶猛威形，令其遵奉如来之教令。
其发肤毛孔放出炽盛光焰，故得此名。
炽盛光佛常以愤怒相示现，以教化民众，平息反叛，驱散灾邪。

莫高窟第 61 窟　炽盛光佛乘坐大轮车

炽盛光佛，又名炽盛光如来，是释迦牟尼的教令轮身。所谓教令轮身，是指释迦如来为教化受魔障遮蔽的众生，现凶猛威形，令其遵奉如来之教令。其发肤毛孔放出炽盛光焰，故得此名。炽盛光佛常以愤怒相示现，以教化民众，平息反叛，驱散灾邪。

如前文所述，莫高窟第61窟为曹氏归义军时期开凿，而第61窟的甬道经后代重修，两壁于西夏时期绘制了炽盛光佛图。

炽盛光佛位于画面的中央，结跏趺坐于车内，车头部分残损，据专家考证应为牛车，佛右手食指顶金轮，左手作禅定印，九曜星围绕前后。

所谓九曜星，也称九执，日、月与金、木、水、火、土五星合称为七曜，然后再加上罗睺、计都，即为九曜。罗睺、计都为假想天体，罗睺为音译，为交会食神；计都为意译，为彗星之意。这些名称和概念来自西亚和印度，伴随摩尼教、密教经典及相关的天文历法、星占的东渐而传入中国。

画面从东到西分别为头戴鸡形冠、着绿衣弹琵琶的金星，身有四臂头戴驴形冠的火星，老人形象、头戴牛形冠的土星，头戴鸟形冠的月宿，手托圆物的太阳，身有四臂的罗睺，其余三身无法辨认的应为水星、计都、木星。

炽盛光佛图上部绘制黄道十二宫，每一宫以圆形表示，圆内画有该宫形象。南壁现存九座，由东至西分别为：金牛宫、室女宫、白羊宫、摩羯宫、天秤宫、双子宫、巨蟹宫、天蝎宫、双鱼宫。北壁现存九座，从西至东为：狮子宫、宝瓶宫、金牛宫、人马宫、摩羯宫、室女宫、天秤宫、天蝎宫、白羊宫。

黄道十二宫源于巴比伦，已有4000多年的历史。巴比伦将黄道带分为十二部分，称为黄道十二宫。十二宫从白羊宫（当时春分点所在）开始，太阳每月在天上向东移一宫，每宫30度，1年12个月恰好合周360度。黄道十二宫后来传到希腊，由希腊传入印度，再随佛教传入中国，进入中国后即与中国本土二十八宿星官系统发生交流而共同出现在星图上。

二十八宿绘制在最上方，多为四人一组，人物形象基本一致，均为文官打扮，双手持笏。

画工充分利用壁面空间，通过九曜不同形象的巧妙组合，构成行进的趋势，以云气和二十八星宿、十二宫相配，展现了炽盛光佛率日、月、星辰等诸星神宿圣众游空巡行的盛大场面。以青绿色为主调，配以金色，它独树一帜的布局风格在当时的佛教美术中显得别具匠心。

关于炽盛光佛、黄道十二宫、九曜的佛经主要有不空译《佛说炽盛光大威德消灾吉祥陀罗尼经》《大圣妙吉祥菩萨说除灾教令法轮》等，基本都为密宗类佛经，内容是以咒、符等形式攘灾祈福。由于唐代密教的流行，炽盛光佛和星神崇拜开始盛行，人们相信通过供养炽盛光佛和诸曜的画像，举行相应的祭祀仪式或密教仪轨，可以排除或削弱来自恶曜的不利影响，达到消灾求福的目的。

大英博物馆英藏敦煌绢画炽盛光佛经变上，画着炽盛光佛坐在牛车中，周围是五星官，上面题记为："炽盛光佛并五星神。乾宁四年（897）正月八日，弟子张淮兴表庆讫。"说明至少到晚唐张氏归义军时期，敦煌地区的炽盛光佛信仰与图像已较流行。从晚唐至元，这种画面布局延续了近五百年之久，随着内容的增加，手法日趋成熟，结构也越来越复杂。

按照从《法华经》中的"观音普门品"衍化而来的《观音经》所示，
观音菩萨有三十三化身，他会以信众得以救度的形象展现在其面前，
也可以依托于大众需要而显现出不同的形象。
这些不仅包含了显教观音菩萨的形象，
其中也出现了一些密教观音的形象，
较为突出的就是唐代的密教千手千眼观音，
可以说是掀起了观音信仰的又一狂潮。

第一百讲

千手千眼，
观听世间

——第 3 窟观音像

莫高窟第3窟 千手千眼观音

　　观音菩萨的全称为"南无大慈大悲救苦救难广大灵感观世音菩萨"，其中"大慈"意为能给予一切众生乐，"大悲"意为能拔出一切众生苦，也就是说观世音菩萨即为观听世间的一切声音，解决众生一切苦难的菩萨。

　　按照从《法华经》中的"观音普门品"衍化而来的《观音经》所示，观音菩萨有三十三化身，他会以信众得以救度的形象展现在其面前，也可以依托于大众需要而显现出不同的形象。这些不仅包含了显教观音菩萨的形象，其中也出现了一些密教观音的形象，较为突出的就是唐代的密教千手千眼观音，可以说是掀起了观音信仰的又一狂潮。

在佛教密宗典籍中有大量关于千手千眼观音的记录，在佛教史上最著名、最流行的是密宗大师不空翻译的《金刚顶瑜伽千手千眼观自在菩萨修行仪轨经》和伽梵达摩译的《千手千眼观世音菩萨广大圆满无碍大悲心陀罗尼经》。

而以千手观音为主体的佛教绘画形式不仅在北宋的画志中有记录，在莫高窟的壁画中也有一定的传袭。莫高窟保存有40幅千手千眼观音经变，它们分布在37个洞窟之中。虽在盛唐时期就已经出现，但数量并不多，到晚唐、宋时期开始大量流行，西夏、元时期则达到了最为兴盛的状态。

莫高窟第3窟是元代的代表窟，也有学者认为可能是西夏时期的洞窟，总之是敦煌现存唯一以观音为主题的洞窟。洞窟中绘制的千手千眼观音经变，构图并不复杂，也不出新，而最大的特点在于传神的人物造型和高超的绘画技艺。全窟为沙泥壁面，上敷薄粉，绘制壁画，壁面制作大体符合宋代《营造法式》一书中所记载的方法，具有很高的艺术水平。洞窟中绘制了多身不同的观音形象，但是最为吸睛的就是在南、北壁通壁绘制的千手千眼观音经变。

画中的千手千眼观音像共有十一面，叠头如塔；千臂千手，摆列如轮。在观音正面像的左右，各画出侧面相，共三层，除第二层中央面为愤怒相外，其余均为慈悲相。主体正面像长圆形，丰满圆润如皓月，细眉、弓眼、修鼻、樱唇，仪容慈悲，神情端庄。

千手中的四十大手，有高举化佛、合掌、托钵等不同姿势，其余呈圆轮状的各手，均安排得严密得度，自然合理。千手均以焦墨勾勒，色彩淡雅，造型庄重。

观音衣裙中带的描绘，时而迂回婉转，时而劲拔顿挫，或如春蚕吐丝，或如兰叶描，皆充分表现出丝绸织物细润柔软、轻逸飘举的质感和动感。人物面容、肢体则用挺拔遒劲的铁线描，自然匀称，丰满圆润。

整窟千手千眼观音的描绘一丝不苟，千姿百态，耐人寻味。画工笔下的刚与柔、鲜明与和谐的对比，更是将中国画线描酣畅淋漓地荟萃于壁面之上，渗透于微尘坯土之中，无不令世人啧啧称赞。

附录

参考文献

专著

C

1. 陈海涛，陈琦 . 图说敦煌二五四窟 [M]. 北京：生活·读书·新知三联书店 ,2017.

2. 陈声柏 . 宗教对话与和谐社会（第三辑）：第三届"宗教对话与和谐社会"学术研讨会论文集 [C]. 北京：宗教文化出版社 , 2012.

D

3. 敦煌文物研究所 . 中国石窟·敦煌莫高窟：第一卷 [M]. 北京：文物出版社 , 1982.

4. 敦煌文物研究所 . 中国石窟·敦煌莫高窟：第二卷 [M]. 北京：文物出版社 , 1984.

5. 敦煌研究院 . 敦煌石窟鉴赏丛书 [M]. 兰州：甘肃人民美术出版社 , 1990.

6. 敦煌研究院 . 敦煌石窟全集 [M]. 上海：上海人民出版社 , 2001.

7. 敦煌研究院 . 敦煌石窟艺术 [M]. 南京：江苏美术出版社 , 1998.

8. 敦煌研究院 . 敦煌吐蕃文化学术研讨会论文集 [M]. 兰州：甘肃民族出版社 , 2009.

9. 段文杰 . 敦煌石窟研究国际讨论会文集：石窟考古编 1987[C]. 沈阳：辽宁美术出版社 , 1990.

10. 段文杰 . 敦煌石窟艺术研究 [M]. 兰州：甘肃人民出版社出版 , 2007.

11. 段文杰 . 段文杰敦煌石窟艺术论文集 [M]. 兰州：甘肃人民出版社 , 1994.

F

12. 樊锦诗，蔡伟堂，黄文昆 . 莫高窟第 266-275 窟考古报告 [M]. 北京：文物出版社 , 2011.

13. 樊锦诗，敦煌研究院 . 讲解莫高窟 [M]. 杭州：浙江文艺出版社 , 2006.

H

14. 贺世哲. 敦煌石窟论稿 [M]. 兰州：甘肃民族出版社, 2004.

15. 贺世哲. 敦煌石窟全集：法华经画卷 [M]. 上海：上海人民出版社, 2000.

J

16. 季羡林. 敦煌学大辞典 [M]. 上海：上海辞书出版社, 1998.

L

17. 雒青之. 百年敦煌：段文杰与莫高窟 [M]. 兰州：敦煌文艺出版社, 1997.

18. 刘永增. 敦煌石窟全集：塑像卷 [M]. 香港：商务印书馆, 2003.

R

19. 荣新江. 归义军史研究：唐宋时代敦煌历史考索 [M]. 上海：上海古籍出版社, 1996.

T

20. 谭蝉雪. 解读敦煌：中世纪服饰 [M]. 上海：华东师范大学出版社, 2016.

21. 谭树桐. 谭树桐美术史论文集 [M]. 乌鲁木齐：新疆人民出版社, 1992.

W

22. 巫鸿. 礼仪中的美术：巫鸿中国古代美术史文编 [M]. 北京：生活·读书·新知三联书店, 2005.

23. 王惠民. 敦煌佛教图像研究 [M]. 杭州：浙江大学出版社, 2016.

24. 王惠民. 敦煌佛教与石窟营建 [M]. 兰州：甘肃教育出版社, 2017.

X

25. 向达. 唐代长安与西域文明 [M]. 北京：生活·读书·新知三联书店, 1957.

26. 萧默. 敦煌建筑研究 [M]. 北京：文物出版社, 1989.

Y

27. 阎文儒，陈玉龙 . 向达先生纪念论文集 [M]. 乌鲁木齐：新疆人民出版社，1986.

Z

28. 郑汝中，台建群 . 敦煌石窟全集：飞天画卷 [M]. 香港：商务印书馆，2002.

29. 中山大学艺术学研究中心 . 艺术史研究：第二辑 [M]. 广州：中山大学出版社，2000.

30. 赵声良 . 敦煌石窟艺术简史 [M]. 北京：中国青年出版社，2015.

31. 赵声良 . 敦煌艺术十讲 [M]. 北京：文物出版社，2020.

32. 赵声良 . 飞天艺术：从印度到中国 [M]. 南京：江苏美术出版社，2008.

33. 张小刚 . 敦煌佛教感通画研究 [M]. 兰州：甘肃教育出版社，2015.

论 文

C

1. 陈菊霞 . 试析莫高窟第 85 窟绘塑内容的表现思想 [J]. 敦煌研究，2011（5）：35-39.

2. 陈菊霞，王祯 . 于阗国王李圣天供养人服饰研究 [J]. 吐鲁番学研究，2020（2）：102-109，
   156.

3. 陈明 . 关于莫高窟第 156 窟的几个问题 [J]. 敦煌学辑刊，2006（3）：90-96.

4. 陈晓露 . 从八面体佛塔看犍陀罗艺术之东传 [J]. 西域研究，2006（4）：63-72.

5. 崇秀全 . 敦煌莫高窟第 257 窟壁画《鹿王本生》释读 [J]. 敦煌学辑刊，2008（1）：101-109.

6. 崇秀全 . 敦煌莫高窟第 257 窟壁画《鹿王本生》新读 [J]. 世界宗教研究，2008（2）：37-43.

7. 陈悦新 . 川北石窟中的天龙八部群像 [J]. 华夏考古，2007（4）：146-150.

8. 丛振 . 敦煌狩猎图像考 [J]. 石河子大学学报（哲学社会科学版），2016，30（2）：21-27.

9. 陈振旺，樊锦诗 . 唐代莫高窟宝相花嬗变探微 [J]. 南京艺术学院学报（美术与设计），
   2019（2）：1-6，209.

D

10. 段文杰 . 略论敦煌壁画的风格特点和艺术成就 [J]. 敦煌研究，1982（2）：1-16.

F

11. 范泉 . 莫高窟第 12 窟供养人题记、图像新探 [J]. 敦煌研究，2007（4）：86-90，124.

12. 樊雪崧 . 莫高窟第 419 窟须大拏（须达拿）本生图新探 [J]. 敦煌研究，2019（1）：36-43.

13. 肥塚隆 . 莫高窟第 275 窟交脚菩萨像与犍陀罗的先例 [J]. 敦煌研究，1990（1）：16-24，116.

G

14. 葛承雍 ."反弹琵琶"：敦煌壁画舞姿艺术形象来源考 [J]. 敦煌研究，2020（1）：9-15.

15. 贡俊录 . 敦煌壁画《五台山图》中正定古建筑相关问题刍议 [J]. 文物春秋，2005（6）：55-60，96.

16. 顾淑彦 . 敦煌石窟中牢度叉斗圣变消失与再现原因再探 [J]. 敦煌研究，2016（3）：52-58.

H

17. 贺世哲 . 敦煌莫高窟壁画中的《维摩诘经变》[J]. 敦煌研究，1982（2）：62-87.

18. 贺世哲 . 敦煌莫高窟的《涅槃经变》[J]. 敦煌研究，1986（1）：1-26，103-110.

19. 贺世哲 . 关于北朝石窟千佛图像诸问题 [J]. 敦煌研究，1989（3）：1-10，121.

20. 贺世哲 . 关于敦煌莫高窟的三世佛与三佛造像 [J]. 敦煌研究，1994（2）：67-88.

21. 贺世哲 . 莫高窟第 420 窟窟顶部分壁画内容新探 [J]. 敦煌研究，1996（4）：6-9.

22. 贺世哲，王惠民 . 敦煌楞伽经变考论 [J]. 敦煌研究，2011（4）：1-14，125-127.

23. 韩卫盟 . 莫高窟壁画中的隋代华盖图 [J]. 敦煌研究，2018（2）：116-122.

24. 贺韵旨 . 从 419 窟《须达拏（拿）太子本生》看中国画的空间观 [J]. 中国文艺家，2018（2）：19.

25. 胡朝阳 . 论敦煌莫高窟第 220 窟维摩诘情感的艺术表现 [J]. 西华大学学报（哲学社会科学版），2004，23（2）：73-76.

J

26. 暨远志 . 张议潮出行图研究：兼论唐代节度使旌节制度 [J]. 敦煌研究，1991（3）：28-40，121.

L

27. 李国，沙武田 . 莫高窟第 156 窟营建史再探 [J]. 敦煌研究，2017（5）：49-59.

28. 罗华庆 . 敦煌艺术中的《观音普门品变》和《观音经变》[J]. 敦煌研究，1987（3）：49-61，114-118.

29. 刘珂艳 . 敦煌莫高窟早期石窟装饰图案分析 [J]. 艺术百家，2009（4）：111-121.

30. 李其琼，施萍婷 . 奇思驰骋为皈依：敦煌、新疆所见《须摩提女姻（因）缘》故事画介绍 [J]. 敦煌学辑刊，1980（0）：74-77，118-125.

31. 梁尉英 . 莫高窟第 249、285 窟狩猎图似是不律仪变相 [J]. 敦煌研究，1997（4）：1-12.

M

32. 马世长 . 莫高窟第 323 窟佛教感应故事画 [J]. 敦煌研究，1982（1）：80-96.

P

33. 潘玉闪，蔡伟堂 . 敦煌莫高窟第 130 窟窟前遗址发掘报告 [J]. 敦煌研究，1982（1）：111-128.

Q

34. 祁晓庆 . 敦煌藏经洞 P.4524《牢度叉斗圣变图》研究 [J]. 艺术设计研究，2017（4）：14-23.

35. 祁晓庆 . "张议潮夫妇出行图" 的图像学考察 [J]. 艺术设计研究，2019（3）：23-31.

R

36. 荣新江 . 关于沙州归义军都僧统年代的几个问题 [J]. 敦煌研究，1989（4）：70-78.

37. 荣新江，朱丽双. 于阗国王李圣天事迹新证 [J]. 西域研究，2012（2）：1-13，142.

S

38. 索南才让. 金刚宝座塔漫谈 [J]. 西藏艺术研究，2001（3）：64-71.

39. 施萍婷. 关于莫高窟第四二八窟的思考 [J]. 敦煌研究，1998（1）：1-12，186.

40. 沙武田. 敦煌石窟于阗国王画像研究 [J]. 新疆师范大学学报（哲学社会科学版），2006（4）：22-30.

41. 沙武田.《金光明最胜王经变》在敦煌吐蕃时期洞窟首次出现的原因 [J]. 兰州大学学报（社会科学版），2006，34（3）：32-39.

42. 沙武田. 莫高窟第 61 窟甬道壁画绘于西夏时代考 [J]. 西北第二民族学院学报（哲学社会科学版），2006（3）：57-62.

43. 沙武田. 莫高窟第 322 窟图像的胡风因素：兼谈洞窟功德主的粟特九姓胡人属性 [J]. 故宫博物院院刊，2011（3）：71-96，160.

44. 沙武田 .SP.83、P.3998《金光明最胜王经变稿》初探：敦煌壁画粉本系列研究之一 [J]. 敦煌研究，1998（4）：19-28，183.

45. 沙武田. 唐、吐蕃、粟特在敦煌的互动：以莫高窟第 158 窟为中心 [J]. 敦煌研究，2020（3）：14-26.

46. 沙武田. 一幅珍贵的唐长安夜间乐舞图：以莫高窟第 220 窟药师经变乐舞中灯为中心的解读 [J]. 敦煌研究，2015（5）：34-44.

47. 沙武田，李国. 敦煌莫高窟第 3 窟为西夏洞窟考 [J]. 敦煌研究，2013（4）：1-11，125-127.

48. 沙武田，王平先. 角色转换与历史记忆：莫高窟第 323 窟张骞出使西域图的艺术史意义 [J]. 敦煌研究，2014（1）：21-29.

49. 史苇湘. 从敦煌壁画《微妙比丘尼变》看历史上的中印文化交流 [J]. 敦煌研究，1995（2）：8-12.

50. 史苇湘. 敦煌莫高窟中的《福田经变》壁画 [J]. 文物，1980（9）：44-48，100-101.

51. 孙修身. 莫高窟佛教史迹故事画介绍（二）[J]. 敦煌研究，1982（1）：98-110.

52. 孙毅华 . 兴立浮图：敦煌石窟中异彩纷呈的塔 [J]. 丝绸之路，2016（14）：15-20.

T

53. 谭蝉雪 . 敦煌婚嫁诗词 [J]. 社科纵横，1994（4）：19-21，18.

W

54. 王东芳 . 浅析敦煌 420 窟隋代壁画的艺术风格 [J]. 科学之友，2010（3）：123-124.

55. 万庚育 . 敦煌早期壁画中的天宫伎乐 [J]. 敦煌研究，1988（2）：31-33.

56. 王惠民 . 白衣佛小考 [J]. 敦煌研究，2001（4）：66-69.

57. 王惠民 . 敦煌莫高窟若干经变画辨识 [J]. 敦煌研究，2010（2）：1-5，125-126.

58. 王惠民 . 敦煌毗那夜迦像 [J]. 敦煌学辑刊，2009（1）：65-76.

59. 王惠民 . 敦煌千手千眼观音像 [J]. 敦煌学辑刊，1994（1）：63-76.

60. 王惠民 . 敦煌石窟《楞伽经变》初探 [J]. 敦煌研究，1990（2）：7-21，120.

61. 王婧怡 . 敦煌莫高窟壁画吐蕃赞普服饰考：翻领与云肩、靴及蹀躞带 [J]. 浙江纺织服装职
    业技术学院学报，2009（4）：38-43.

62. 王进玉 . 敦煌石窟中的医疗卫生壁画 [J]. 中医药文化，1990（2）：23-24.

63. 王平先 . 莫高窟北朝时期的降魔变初探 [J]. 敦煌研究，2007（6）：59-63，122.

X

64. 谢静 . 敦煌石窟中回鹘天公主服饰研究 [J]. 西北民族研究，2007（3）：12-17，206.

65. 谢晓燕 . 莫高窟 407 窟"莲花三兔藻井"探析 [J]. 文物鉴定与鉴赏，2010（12）：
    104-106.

Y

66. 殷光明 . 敦煌卢舍那法界图像研究之一 [J]. 敦煌研究，2001（4）：1-12，181-184.

67. 殷光明 . 敦煌卢舍那佛法界图像研究之二 [J]. 敦煌研究，2002（1）：46-56，115-116.

68. 杨泓 . 中国古代的甲胄：上篇 [J]. 考古学报，1976（1）：19-46，145-150.

69. 杨泓. 中国古代的甲胄：下篇 [J]. 考古学报，1976（2）：59-96，199-206.

70. 杨金茹. 维摩诘变对唐代士大夫的影响 [J]. 运城学院学报，2017，35（5）：37-40.

71. 杨雄. 莫高窟壁画中的化生童子 [J]. 敦煌研究，1988（3）：81-89，119-121.

72. 余欣. 唐宋之际"五星占"的变迁：以敦煌文献所见辰星占辞为例 [J]. 史林，2011（5）：
70-78，189.

Z

73. 邹清泉. 敦煌壁画《五台山图》新考：以莫高窟第 61 窟为中心 [J]. 中国国家博物馆馆刊，
2014（2）：77-93.

74. 郑汝中. 敦煌壁画乐器分类考略 [J]. 敦煌研究，1988（4）：10-25.

75. 赵声良. 从敦煌壁画看唐代青绿山水 [J]. 故宫博物院院刊，2018（5）：6-14，158.

76. 赵声良. 敦煌艺术与大唐气象 [J]. 图书与情报，2006（6）：95-98，107.

77. 赵声良. 罗寄梅拍摄敦煌石窟照片的意义 [J]. 敦煌研究，2014（3）：79-91.

78. 赵声良. 莫高窟第 61 窟炽盛光佛图 [J]. 西域研究，1993（4）：61-65，76.

79. 赵声良. 莫高窟第 61 窟五台山图研究 [J]. 敦煌研究，1993（4）：88-107，124-127.

80. 赵声良. 莫高窟唐代故事画艺术 [J]. 敦煌研究，1991（2）：67-74，119-128.

81. 朱晓峰. 基于历史文献的胡旋舞考证 [J]. 敦煌学辑刊，2019（4）：166-179.

82. 张小刚，郭俊叶. 敦煌所见于阗公主画像及其相关问题 [J]. 石河子大学学报（哲学社会科
学版），2016，30（4）：6-18.

83. 张小刚，杨晓华，郭俊叶. 于阗曹皇后画像及生平事迹考述 [J]. 西域研究，2015（1）：
59-68，2，139.

84. 张学荣，何静珍. 论莫高窟和麦积山等处早期洞窟中的交脚菩萨（摘要）[J]. 敦煌研究，
1988（2）：37-38，41.

85. 张先堂. 史实考索与模拟复原：敦煌莫高窟第 61 窟供养人画像的史学研究 [J]. 形象史学
研究，2013（0）：132-141.

86. 赵晓星. 西夏时期的敦煌五台山图：敦煌五台山信仰研究之一 [J]. 西夏学，2015（0）：
228-234.

87. 张元林 . 敦煌北朝时期《法华经》艺术及信仰考察 [J]. 敦煌研究 , 2006（5）:16-23，114.

88. 赵燕林 . 莫高窟三兔藻井图像来源考 [J]. 艺术探索，2017，31（3）：57-63.

89. 赵燕林 . 莫高窟"三兔藻井"图像释义 [J]. 西北民族大学学报（哲学社会科学版），
2017（5）：125-131.

作者名单

1. 《千年不断的伟大营建——莫高窟初创故事》

作者 边磊　　拍摄 吴健　　供图 敦煌研究院

2. 《禅观"兜率天宫"——第275窟阙形龛》

作者 刘文山　　拍摄 吴健　　供图 敦煌研究院

3. 《佛陀的人间修行——莫高窟最早的佛传故事画》

作者 韩文君　　拍摄 吴健　　供图 敦煌研究院

4. 《叠木而成，惊艳"天窗"——莫高窟现存最早的斗四藻井》

作者 刘文山　　拍摄 张伟文　　供图 敦煌研究院

5. 《情致优雅的"小字脸"菩萨——莫高窟壁画的人物绘画技法》

作者 边磊　　拍摄 吴健　　供图 敦煌研究院

6. 《一笑间，宿世弹指如湮——北魏禅定佛》

作者 韩文君　　拍摄 吴健　　供图 敦煌研究院

7. 《二佛并坐，宝塔自见——第259窟释迦多宝说法塑像》

作者 郭瑶　　拍摄 孙志军　　供图 敦煌研究院

8. 《凹凸晕染，势若脱壁——第257窟戒律画》

作者 刘文山　　拍摄 宋利良　　供图 敦煌研究院

9.《林深见鹿——〈鹿王本生图〉》

作者 郭瑶　　拍摄 宋利良　　供图 敦煌研究院

10.《鹿王图中，另有玄机——须摩提女因缘故事》

作者 韩文君　　供图 敦煌研究院

11.《中原建筑与印度空间的一次大胆结合——早期洞窟形制》

作者 边磊　　拍摄 吴健 冯石　　供图 敦煌研究院

12.《心如磐石，降魔成道——莫高窟最早的"降魔变"》

作者 郭瑶　　拍摄 吴健　　供图 敦煌研究院

13.《一切难舍，不过己身——"异时同图"的〈萨埵太子本生〉》

作者 刘文山　　拍摄 孙志军　　供图 敦煌研究院

14.《哀而不伤的中和之美——尸毗王割肉贸鸽》

作者 边磊　　拍摄 宋利良　　供图 敦煌研究院

15.《光光相照，佛佛相次——"千佛洞"里千佛图》

作者 边磊　　拍摄 冯石　　供图 敦煌研究院

16.《色彩的奥秘——第 254 窟白衣佛》

作者 刘文山　　供图 敦煌研究院

17.《**图画天地，品类群生**——第 249 窟西坡壁画》

作者 刘文山　　拍摄 余生吉　　供图 敦煌研究院

18.《**不止于狩猎**——敦煌壁画中的"动物世界"》

作者 郭瑶　　拍摄 张伟文　　供图 敦煌研究院

19.《**龙凤相对，暗含巧思**——同一洞窟内各有千秋的说法图》

作者 韩文君　　拍摄 孙志军　　供图 敦煌研究院

20.《**凿仙岩以居禅**——莫高窟早期禅窟》

作者 边磊　　拍摄 宋利良 吴健　　供图 敦煌研究院

21.《**秀骨清像，以形写神**——敦煌现存最早的因缘故事画》

作者 边磊　　拍摄 宋利良　　供图 敦煌研究院

22.《**天衣飞扬，满壁风动**——弹箜篌飞天》

作者 刘文山　　供图 敦煌研究院

23.《**当中国上古神话遇到佛教**——伏羲女娲像的改造》

作者 韩文君　　拍摄 吴健　　供图 敦煌研究院

24.《**墨书映华服**——壁画中的魏晋服饰》

作者 韩文君　　供图 敦煌研究院

25.《**蛰伏沙漠的"万神殿"**——多文明汇流的第 285 窟西壁》

作者 刘文山　　拍摄 宋利良　　供图 敦煌研究院

26.《慈怀悯众，悲心入骨——长卷式〈萨埵太子本生〉》

作者 郭瑶　　拍摄 宋利良　　供图 敦煌研究院

27.《把万千世界穿在身上——卢舍那法界人中像》

作者 边磊　　拍摄 吴健　　供图 敦煌研究院

28.《一砖一木一塔——敦煌壁画中的宝塔》

作者 韩文君　　拍摄 吴健　　供图 敦煌研究院

29.《因材施艺，因地制宜——脱壁而出的影塑》

作者 边磊　　拍摄 吴健　　供图 敦煌研究院

30.《丝路盛景——第 296 窟福田经变》

作者 郭瑶　　拍摄 张伟文　　供图 敦煌研究院

31.《藏于故事中的真相——〈微妙比丘尼品〉》

作者 刘文山　　拍摄 宋利良　　供图 敦煌研究院

32.《救众生之病源，治无明之痼疾——第 220 窟药师经变》

作者 边磊　　拍摄 孙志军　　供图 敦煌研究院

33.《凝固的音符——隋代洞窟外的宋代木构窟檐》

作者 边磊　　拍摄 吴健　　供图 敦煌研究院

34.《威震三界，护持十方——第 427 窟四大天王塑像》

作者 边磊　　拍摄 吴健　　供图 敦煌研究院

35.《永葆青春的菩萨——第 420 窟菩萨塑像》

作者 边磊　拍摄 吴健　供图 敦煌研究院

36.《丝路商韵——〈胡商遇盗图〉》

作者 韩文君　拍摄 宋利良　供图 敦煌研究院

37.《追寻佛陀足迹的人——迦叶、阿难像》

作者 刘文山　拍摄 吴健　供图 敦煌研究院

38.《青绿重彩——须达拿本生故事画》

作者 韩文君　拍摄 宋利良　供图 敦煌研究院

39.《循环往复，三生万物——"三兔共耳"藻井图案》

作者 郭瑶　拍摄 张伟文　供图 敦煌研究院

40.《亭亭华盖——应时而变的装饰图案》

作者 刘文山　拍摄 孙志军　供图 敦煌研究院

41.《传承中的格律之美——莫高窟三佛样式演变史》

作者 韩文君　拍摄 吴健　供图 敦煌研究院

42.《从长安到敦煌、奈良——"美人窟"里的"美人菩萨"》

作者 刘文山　拍摄 孙志军　供图 敦煌研究院

43.《军将胡风——以唐人胡将为原型的天王像》

作者 韩文君　拍摄 孙志军　供图 敦煌研究院

44.《不染红尘泥淖，出世胸怀天下——游戏人生的维摩诘》

作者 韩文君　　拍摄 孙志军　　供图 敦煌研究院

45.《重见天日的"历代帝王图"——"帝王听法图"》

作者 边磊　　拍摄 孙志军　　供图 敦煌研究院

46.《华筵唐音——壁画中的大唐乐舞》

作者 韩文君　　拍摄 孙志军　　供图 敦煌研究院

47.《一花一世界——"化生童子"代表作》

作者 刘文山　　拍摄 孙志军　　供图 敦煌研究院

48.《无所从来亦无所去——第332窟涅槃经变》

作者 边磊　　拍摄 孙志军　　供图 敦煌研究院

49.《佛陀的抉择——"乘象入胎"与"夜半逾城"》

作者 刘文山　　供图 敦煌研究院

50.《繁缛富丽，融洽无间——宝相花藻井图案》

作者 郭瑶　　拍摄 吴健　　供图 敦煌研究院

51.《虚实结合的史迹画——张骞出使西域图》

作者 郭瑶　　拍摄 宋利良　　供图 敦煌研究院

52.《佛教南传轨迹——康僧会故事全图》

作者 边磊　　拍摄 宋利良　　供图 敦煌研究院

53.《万般皆"缘"来——东晋杨都金像出渚故事画》

作者 韩文君　　拍摄 宋利良　　供图 敦煌研究院

54.《游走于传说和历史间的感通故事——西晋吴淞口石佛浮江故事画》

作者 刘文山　　拍摄 宋利良　　供图 敦煌研究院

55.《律宗剪影——莫高窟罕见的佛教戒律画》

作者 刘文山　　拍摄 张伟文　　供图 敦煌研究院

56.《经变中的吉光片羽——十轮经变》

作者 刘文山　　拍摄 张伟文　　供图 敦煌研究院

57.《色相如天，灿若众星——初唐西方净土变》

作者 韩文君　　供图 敦煌研究院

58.《千手观音的前身——十一面观音像》

作者 刘文山　　拍摄 吴健　　供图 敦煌研究院

59.《深山寂寂现圣容——彩塑刘萨诃瑞像》

作者 刘文山　　拍摄 吴健　　供图 敦煌研究院

60.《得心自在——思维菩萨像》

作者 韩文君　　拍摄 孙志军　　供图 敦煌研究院

61.《千岩泉落，万壑树紫——壁画中的青绿山水》

作者 郭瑶　　拍摄 孙志军　　供图 敦煌研究院

62.《灿烂佛宫——第217窟观无量寿经变》

作者 边磊　　拍摄 孙志军　　供图 敦煌研究院

63.《释迦的日常——莫高窟最早的"金刚经变"》

作者 韩文君　　供图 敦煌研究院

64.《清音袅袅，曼舞翩跹——盛唐飞天》

作者 杜冬梅　　拍摄 孙志军　　供图 敦煌研究院

65.《亲和之美——第45窟七身彩塑》

作者 刘文山　　拍摄 吴健　　供图 敦煌研究院

66.《菩提水中月，慈悲度世间——盛唐的观音经变》

作者 杜冬梅　　拍摄 孙志军　　供图 敦煌研究院

67.《历史的年鉴——观无量寿经变里的中国古建》

作者 刘文山　　拍摄 宋利良　　供图 敦煌研究院

68.《清风徐来万象新——第194窟九身彩塑》

作者 杜冬梅　　拍摄 吴健　　供图 敦煌研究院

69.《花烛影动，戚里画蛾眉——敦煌壁画中的婚礼图》

作者 郭瑶　　拍摄 吴健　　供图 敦煌研究院

70.《国以人为本，民以食为天——弥勒经变之耕获图》

作者 韩文君　　拍摄 余生吉　　供图 敦煌研究院

71.《甘露霖，万物生——雨中耕作图》

作者 杜冬梅　　拍摄 孙志军　　供图 敦煌研究院

72.《仙岩不改千年貌——高达 26 米的莫高窟南大像》

作者 刘文山　　拍摄 吴健　　供图 敦煌研究院

73.《镌刻芳华——"失而复得"的〈都督夫人礼佛图〉》

作者 韩文君　　临摹 段文杰　　拍摄 吴健　　供图 敦煌研究院

74.《瑞像行慈悲——第 237 窟分身瑞像》

作者 韩文君　　拍摄 宋利良　　供图 敦煌研究院

75.《屏风扇扇，汉晋遗风——莫高窟屏风画》

作者 刘文山　　拍摄 孙志军　　供图 敦煌研究院

76.《佛陀涅槃，弟子举哀——〈十大弟子举哀图〉》

作者 杜冬梅　　供图 敦煌研究院

77.《民族融合的见证者——〈各国帝王举哀图〉》

作者 韩文君　　拍摄 孙志军　　供图 敦煌研究院

78.《匡扶正道——敦煌壁画中的天龙八部》

作者 刘文山　　拍摄 孙志军　　供图 敦煌研究院

79.《青绿淡彩，翠眉素面——第 159 窟中唐文殊变》

作者 杜冬梅　　拍摄 孙志军　　供图 敦煌研究院

80.《壁画中的唐代民风民俗——第 159 窟维摩诘经变》

作者 刘文山

81.《雪域之光——敦煌壁画中的吐蕃赞普》

作者 韩文君　　拍摄 孙志军　　供图 敦煌研究院

82.《翩舞广袖，反弹弦音——反弹琵琶乐舞图》

作者 郭瑶　　拍摄 孙志军　　供图 敦煌研究院

83.《神魔斗法，热闹非凡——劳度叉斗圣变》

作者 杜冬梅　　拍摄 张伟文　　供图 敦煌研究院

84.《战争场景的真实再现——莫高窟壁画中的作战图》

作者 刘文山　　拍摄 孙志军　　供图 敦煌研究院

85.《威仪赫赫的凯旋之师——〈张议潮统军出行图〉》

作者 郭瑶　　供图 敦煌研究院

86.《楼前百戏竞争新——〈宋国河内郡夫人出行图〉》

作者 杜冬梅　　供图 敦煌研究院

87.《伫立千年的凝望——举世闻名的第 17 窟藏经洞》

作者 韩文君　　拍摄 吴健　　供图 敦煌研究院

88.《隔世亦相闻——第 9 窟维摩诘经变》

作者 刘文山　　拍摄 孙志军　　供图 敦煌研究院

89.《以浅显比喻，释晦涩经文——第85窟楞伽经变》

作者 郭瑶　　拍摄 孙志军　　供图 敦煌研究院

90.《回鹘衣装回鹘马——回鹘王及王妃供养像》

作者 韩文君　　拍摄 吴健　　供图 敦煌研究院

91.《华服衣冠，瑞兽相护——于阗国王供养人像》

作者 郭瑶　　拍摄 吴健　　供图 敦煌研究院

92.《咫尺之图，写千里之景——报恩经变》

作者 刘文山　　拍摄 张伟文　　供图 敦煌研究院

93.《丹楹刻桷，层台累榭——敦煌壁画中的古建筑"宝库"》

作者 郭瑶　　拍摄 张伟文　　供图 敦煌研究院

94.《方寸之间，绘世俗百态——第61窟五台山图》

作者 刘文山　　拍摄 张伟文 余生吉　　供图 敦煌研究院

95.《胡服何蔵蕤，仙仙登绮墀——第61窟女供养人像》

作者 郭瑶　　拍摄 吴健　　供图 敦煌研究院

96.《万物有灵，共生和鸣——金光明经变》

作者 杜冬梅　　拍摄 吴健　　供图 敦煌研究院

97.《西境佛国——于阗牛头山瑞像图》

作者 韩文君　　拍摄 宋利良　　供图 敦煌研究院

98.《宝冠璎珞，披帛飞扬——西夏供养菩萨像》

作者 韩文君　　拍摄 孙志军　　供图 敦煌研究院

99.《金轮佛顶，云炽盛光——西夏炽盛光佛图》

作者 郭瑶　　拍摄 宋利良　　供图 敦煌研究院

100.《千手千眼，观听世间——第3窟观音像》

作者 韩文君　　拍摄 吴健　　供图 敦煌研究院

图书在版编目（CIP）数据

"画"中有话：敦煌石窟百讲 / 敦煌研究院主编；
刘文山等编著 . —— 长沙 : 湖南文艺出版社 , 2023.9（2024.5 重印）
　ISBN 978-7-5726-1105-6

　Ⅰ . ①画… Ⅱ . ①敦… ②刘… Ⅲ . ①敦煌石窟 – 研
究 Ⅳ . ① K879.214

中国国家版本馆 CIP 数据核字 (2023) 第 078563 号

"画"中有话：敦煌石窟百讲
"HUA" ZHONG YOU HUA : DUNHUANG SHIKU BAI JIANG

主　　编：敦煌研究院
编　　著：刘文山　韩文君　郭瑶　边磊　杜冬梅
统　　筹：刘阅
出版人：陈新文
监　　制：谭菁菁
责任编辑：吕苗莉　李涓　谢朗宁
校　　对：徐晶
印制总监：李阔
书籍设计：萧睿子

出　　版：湖南文艺出版社
　　　　　（湖南省长沙市东二环一段 508 号邮编：410014）
网　　址：www.hnwy.net
印　　刷：湖南天闻新华印务有限公司
经　　销：新华书店
开　　本：787mm×1092mm　1/16
字　　数：558 千字
印　　张：37.25
版　　次：2023 年 9 月第 1 版
印　　次：2024 年 5 月第 4 次印刷
书　　号：ISBN 978-7-5726-1105-6
定　　价：258.00 元

封面图由敦煌研究院提供